フーコーを使う

ギャビン・ケンダール＋ゲイリー・ウィッカム◉著　山家 歩＋長坂和彦◉訳

論創社

フーコーを使う

フーコーを使う　目次

序文

学術出版社のカタログを一読すれば明らかなように、最新の研究の多くがフーコーの影響のもとに行なわれている。この新たな動向に与する研究者たちは、テキスト分析、観察、そして歴史研究など質的社会科学のオーソドックスな研究手法を踏襲する一方で、社会の分析に「もう一つの次元」を導入しようとしている。それは、権力と知の関係を理解するための新たな方法である。

本書は、次の二つのテーマを扱っている。

①フーコー的な方法の基礎をなす歴史学、考古学、系譜学、言説
②フーコー的な方法を応用する者たちにとって重要な分析対象である科学と文化

この二つのテーマに沿って、本書の五つの章は二部に分かれている。一章と二章は第一部をなし、フーコーによる歴史、考古学、系譜学、言説それぞれのユニークな使いかたを紹介し、フーコーの研究がもたらしてくれる「もう一つの次元」を明らかにする。また、第二部は、三章、四章、五章から

なる。そこでは、科学の分析へのフーコー的手法の適用のしかた（三章、四章）や文化の分析への応用（五章）について論じている。六章は要約的な結論である。なお、それぞれの章には主な方法論上の要点を確認するための練習問題がつけてある。

私たちは、読者にフーコー理論そのものへの関心だけでなく、フーコー理論を社会秩序の分析に役立てようという意欲をもってもらえるようなスタイルを用いた。そのために、学問的情熱をもって研究を進めようとはしていないながらも、あれこれ悩みを抱えている学生たちを登場させることにした。この本を読んでいただくにあたって、いくつかの注意が必要である。まず最初に、「フーコー主義者」なるものや「フーコー的技法」というものは存在しないといういうむきもある（たとえばメージル［Megill 1985］はフーコーのアプローチはまったく方法論的ではなく、唯一の明白な方法論的テキストである『知の考古学』にしてもまがい物だと断じている）。一章で論じるように、私たちもこうした懐疑的な見方にある程度までは同意する。しかし、フーコー的方法が存在し、さらにフーコーのテキストからいくつかの基本的なテーマを導きだす余地はあると考える。さもなければ、フーコーのアプローチには何か神秘的なところ、もしくは理解不能なところがあるといわざるをえないだろう。確かに、せいぜいのところフーコーによる探求の「精神」を伝えるにとどまるかもしれない。だが、たとえそうでも、私たちはできるだけ単刀直入にフーコー入門を示したほうがよいと考えた。

次に、この本は、学術世界でのフーコーへの反発に応えようとしている。これまでフーコーはあまりにも「ポストモダンな」理論家の一人として紹介されすぎた。多くの人々は、フーコーを粗雑で、ちょっとばかり狂気じみたフランスの理論家だと性急に片付けてしまう。それとは反対に、私たちはフーコーがまっとうな研究者であると考えている。彼の業績は、馬鹿げた空理空論の産物などではなく、膨大で綿密な調査から生まれたものである。フーコーの業績は、マルクス主義あるいはフェミニズムのような「批判的」研究の陣営には——たとえば、マルクス主義やフェミニズムをフーコーによる洞察に簡単に接合できるなどと考えてはいけない——属さないし、さらにリベラリズムの陣営にも属してはいない。というのも、フーコーは真理、進歩、そして価値というような概念にたいして徹底的な懐疑主義を貫いていたので、彼の業績を、一見似ているように見える他の諸研究を踏襲したものと考えるのは無理だからだ。フーコーが占めるこの特異な位置のせいで、その名前が度々言及されているわりには、彼の方法が真剣に受けとめられることはまれである。

第三に、本書の大部分は、サイエンス・スタディーズ、とりわけブルーノ・ラトゥールの研究を扱っている。ラトゥール本人が、フーコー的方法を用いる本書で取りあげられることをどう受け取るかはわからない。ラトゥールの初期の業績では、かなり頻繁にフーコーの名前が現れるのだが、(少なくともラトゥールが引用する固有名から判断する限り)やがてフーコーはラトゥールの知的地平から次第に消え去ったようだ。とはいえ、これを額面通り受けとるべきではない。ラトゥールの方法はフーコーのそれと大きく一致するのであり、必ずしも歴史的手法をとらずにフーコー的研究を実践する方法を例示してくれる点で、私たちの目的にとって重要である。

第一章　フーコーに関心はあるけど、どうして歴史に関心を持たなければならないの？

原因の代わりに偶然性を見いだそう

すべての政治的主張にたいして可能なかぎり懐疑的になろう

二次的な判断を保留しよう

「フーコーは、性が一九世紀の狂信的改革論者が考えていたものとは違うことを私たちに教えてくれた」。インザマムはクラスでの報告で、クラスメートに語りかけた。

「最新フランス理論」という研究会に初参加した夕方、ジェニーは発言をした。『狂気の歴史』を読んで分かったのは、ある健康管理のシステムによって、女性が精神的に病んでいるものとして構成されたということだ」。もっとも、ジェニーの友人たちはといえば研究そっちのけで馬鹿騒ぎしているばかりだったのだが。

ジーハの父は、身体刑が町で増加し続けている犯罪率を抑える切り札であると考えている。こうした考えがなぜ間違っているかを説得するために、ジーハは、専攻している犯罪学コースで読んだばかりの本から学んだことを父に話した。「処罰というものは、社会にとっての巨大な訓育システムの一部に過ぎないのであって、犯罪に対処するものではないのよ」。

インザマム、ジェニー、そしてジーハは皆まじめな学生で、最近フーコーへの関心を著しく深めている。彼らが、どのようにフーコーへの関心を深め、それによって、フーコーを利用しようとする人々が出くわす障害をいかに克服するに到ったか、いくつかの点から追ってみよう。

あらかじめ、三人のまじめな学生についていくつか確認しておきたい。彼らは、フーコー的な方法を習得するにあたって、困難に直面するのを何ら怖れてはいない。ただ、フーコーの方法は難物だ。『知の考古学』、『言語表現の秩序』そして「方法の問題」を首尾よく方法論的なテキストと見なせたとしても、これらのテキストがフーコー的方法論について首尾一貫した説明を与えてくれるわけではない [Foucault 1972=1980; 1981a=1981; 1981b]。またこれらのテキストは、フーコー的研究についてのユーザー・フレンドリーな「ハウツー」本でもない。インザマム、ジェニー、そしてジーハたちは、方法論的なハードルの高さに躓くかもしれないが、そのときは経験豊かな研究者たちのアドバイスを受けることになろう。

彼らが落ちた最初の罠は、フーコー的研究に必要な歴史の使用にたいして制限を設けてしまうことだった。彼らがこの罠に陥らないように手助けするのが、この章の目的である。インザマム、ジェニー、そしてジーハは、フーコーがセクシャリティ、狂気、処罰、自己そして身体などについて、歴史的手法を用いて自らの論を主張をしたことまでは分かっている。しかしながら、彼らは歴史化の作業に枷をはめてしまい、結局のところ、現在または未来にたいする非歴史的な政治的主張をさし挟んでしまうという誤りを犯しているのだ。

確かに、フーコーは、性にたいする一九世紀的な態度を単純に分類したり、狂気を固定的な分析カテゴリーとして用いたり、さらには処罰というものを更正、秩序回復の手段でありながら、それ自体目的でもあるようなシステムの一部に過ぎないものとして描き出したりすることによって、問題を提起している。しかし、フーコーはそこで問いかけ（problematisation）を止めはしないし、歴史化の遂行を止めはしない。インザマムは、あたかも私たち、すなわち啓蒙された二十世紀の人々が、先祖の無知蒙昧など克服してしまったかのようにセクシャリティについて語ってしまう。またジェニーといえば、狂気と処罰を語るうえで「進歩」を前提としてしまう。ジーハときたら、まるで近代が過去よりも「なお、さらに悪くなっている」と主張してしまう。

フーコー的方法で歴史を扱うこととは、歴史の目的論をとらないことだ。すなわち、進歩（もしくは退歩）を前提とはしない。だから、フーコーの方法は、終わり＝目的のない歴史を必要とする。歴史は終わるとは言えないし、どこかに向かっているとも言えない。フーコー的な歴史研究は、現在を過去とちょうど同じくらい、私たちにとって不透明なものとして理解するために歴史を用いる。賢明で望ましい現在がすでに到来している（インザマムの誤り）とか、到来したであろう（ジェニー、ジーへの誤り）などと思いこむために歴史を用いはしない。時として、歴史へのフーコー的なアプローチは「現在性の歴史」などと呼ばれる。ここで、この用語を明確に説明しておこう。フーコー的な歴史とは現在性の歴史であるが、だからといって理想的もしくは完璧な現在なるものを基準として歴史的調査を行うことではない（これは「ホイッグ的な歴史観」と呼ばれる）。他方で、フーコー的な歴史研究とは、どのようにして現在が過去から着実に発展したのかを辿ることでもない。むしろ要点は現在を診断する方法として歴史を用いるところにある（この点についてはローズ［Rose 1990］の著作を参照）。

私たちが歴史を用いる際に、フーコー的方法から最大の利益を受けようとするならば、どこかで歴史を止めようとしたり、さらに空想的なわかりやすさでもって歴史のわかりにくさを糊塗したりしてはならない。別の文脈からの発言ではあるが、フーコー自身が「われわれは歴史を用い、解体し、それがうなり声をあげ、抗うようにさせねばならない」と言っている［1980a=1981］。私たちを安心させるためではなく、むしろ確実なものと受け取られてきたものに揺さぶりをかけるために、歴史を用いるべきなのだ。インザマムは、二十世紀後半の性にたいする態度もまた十九世紀的な態度と同じく、セクシャリティという概念をめぐる権力と知の複合体の一部であると気づくべきだった（つまり、私たちの性が進歩したなどと安直には言えない）。ジェニーとジーハは、現在の精神医学システムにたいするフェミニスト達による異議申し立て、そして、いくつかの刑罰制度にたいするリベラル派からの抗議さえもまた、彼らが改革したいと望むシステムや体制と同じくらい、狂気と刑罰をめぐる知と権力の複合体のなかに絡め取られていることに気づくべきだった。

この落とし穴にはまらないための二つの効果的な技法を紹介しよう。

① 原因の代わりに偶然を見いだすこと。

② すべての政治的な主張にたいして可能なかぎり懐疑的になること。

原因の代わりに偶然を見いだすこと。

原因の代わりに偶然を見いだすといっても、思うほど難しくはない。たとえば、読者が調査しようとしているある歴史的状況のさなかに、自分自身がいると想像してみよう。まず、あなたが一八七〇年の最新の監獄における管理責任者だとする。あなたは中央政府からの命令にしたがって、収監者たちを人道的に扱い、しかしながら新しい刑罰学的知に則って、収監者たちが互いに話しかけないようにしむけるだろう。また、あなたは、政府からの要求と看守たちを教育する難しさとのあいだで板挟みにもなる。というのも、看守たちは、しばしば暴力的ではあるものの、収監者どうしの日頃の相互影響に依拠した、より直接的なやり方に慣れているからだ。あなたは、また同様に、監獄の他の管理責任者たちが、あなたが受けたような古典的教養をベースにした大学教育を受けていないという事実にも当惑している。他の管理責任者たちは、血縁のおかげでその地位を確保している。それゆえ、彼らは政府の命令を理解せず、万事「今までどおり」のやり方をとる看守たちの味方をしがちなのだ。

今度は十二世紀へとタイムスリップしてみよう。あなたは血讐的司法制度（blood-feud system）のもとで裁判官をしている。ある男が他の男から豚を盗んだとしよう。あなたがその重要な担い手となった司法制度は、懲罰的であるというよりはむしろ損害賠償的なものである。この場合、ある者が悪事を行ったら、その者は悪さをされた人になにがしかを賠償しなければならない。すなわち、処罰は直接的には考慮されていないのだ。前例に従って、豚の持ち主が豚泥棒の腕を切り取るのを監督するため、あなたは臨席することになる。これが適切な賠償と考えられているからだ。ところが、豚の持ち主が、盗まれた豚は単なる老いぼれ豚ではなく一番いい豚であったために憤慨し、認められた腕だけでなく目玉もくり抜こうとすれば、事は厄介になる。言いかえれば、豚の持ち主は、賠償を受けるだけではなく、処罰してやろうと考えたわけだ。この場合、あなたが対処しなければならなくなる。後で、練習問題1・1として別の例を取り上げよう。

これらの状況は、あなたがそう考える以上に偶然を含んでいる。言わば、「歴史の偶然」としてはっきりと見てとれるような様々な（偶然の）展開がいたるところにあるのだ。歴史上の出来事を偶然的なものとして描き出すならば、ある出来事の出現とは必然的ではなく、様々な出来事による複雑な絡み合いの総体から生み出された、一つのありうる結果ということになる。これらの歴史的発展を偶然として受けとめるよりも、その因果関係を探るほうがはるかに知的な努力を要する。したがって、原因の代わりに偶然を見いだそうとする技法は、それほど難しくはない。問題は、私たちのほとんどが原因を見つけ出そうとする習慣に囚われてしまっているところにある。私たちはこの習慣を捨て、歴史的な発展を偶然的なものとして認めるという、より簡単な手続きをとらねばならない。

先ほどとりあげた最初の例では、処罰としての投獄という観念は偶然的なものだ。管理責任者が独立した一つの職業的地位であるのも偶然である。確かに、そのような地位は古代ギリシア、古代ローマにおいてはありふれたものだったが、その後しばらくの間は、ヨーロッパ共通のものではなかった。それが印刷術の発展や、新たな徴税制度を基礎とする巨大な政府予算の発展といった偶然が重なった結果、復活したのである。そしてまた、様々な社会的事象に指令を与えることができるほど強力な中央政府、しかも社会的諸事象を公共性の見地から取り扱い、政府の人員による直接的な影響を排除しようとする政府も、それ自体が偶然的なものである。

さらにもう一つ。収監者を人道的に扱うが、しかし彼らがつねに互いに話しあうのを許さないという考えもまた、偶然的なものである。この考えは、私たちの二十世紀的な考え方からすると矛盾しているように見えるが、それもまた刑罰学的な知が偶然にも発達した結果である。看守が収監者たちを管理するのに、より直接的な方法を用いるほうが安心だという考えもまた偶然である。監督責任者のなかには大学教育を受けている者もいるし、受けていない者もいる、というのも偶然だ。それに、十九世紀において、古典が監督責任者にふさわしい大学教育の教養の基礎をなしているのも、また偶然である。現在では、経済学や他の社会科学が監督責任者に最もふさわしい教養だろう。十九世紀のヨーロッパにおいて、現在よりも、そしてたとえばかつての中国よりも、血縁こそが政府の仕事をえるための有力なルートであったのも偶然である。中国には公的試験（科挙）が官吏を選ぶ手段として用いられてきた長い伝統があった。統治の論理が、他の時代よりもある時代において浸透したということ、これもまた偶然である。

さて、私たちがこれらの出来事が偶然だと述べたとしても、何でもかんでも起こりえただろうし、起こったのだと主張するつもりはない。たとえば、刑罰が「人道的」になり始めるという結果を生じさせた圧力が働いていたのは確かだろう。しかしながら、フーコーが繰り返し主張しているのは、大いにもてはやされている進歩の多くが、明らかに、それとは無関係な変化から生じた全く偶然の結果だということだ。もちろん、このような主張をした社会理論家はフーコーだけではない。たとえば、マックス・ウェーバーは、歴史の「意図せざる結果」について語っていた。たとえば、ピューリタンによる神学的関心が、驚くべき結果——マールマック（砕石とタールを混ぜた舗装通路材）やチョコレートなど——をもたらしたのである。

駆け出しのフーコー的研究者諸君は、このちょっとした事例を見ただけでも、あまりにたくさんの偶然の無秩序が存在することに絶望すべきではない。すでに述べたように、原因の代わりに偶然を見いだそうとする習慣を身につけるのはたやすいことだ。より重要なのは、何か特別な事をすることではなく、同等であるはずの歴史的諸事象のなかに、原因—結果の順序を導入するような余計なことをしないことである。先に挙げたような偶然をリストアップするためには、すでに示したような歴史的調査——おおまかに言うと、いくつかの事実についての知識——が確かに必要である。しかしながら、リストにある一つの事象を一義的なものと評価し、他の事象を二義的なもの、あるいは第三のものとわざわざ位置づけなくてよい。また、リストに挙げられた事象群が、リストには載っていないが、リストを構成している諸事象の第一原因(神、統治の論理、資本主義など)のようなものに従属していると考える必要もない。フーコー的な考え方からすれば、因果的な論理を追究するのは不毛だ。先に挙げたささやかな歴史的実例を考えてみても、フーコー的研究者にとって、次のようなことを歴史研究の前提にするのは馬鹿げている。つまり、刑務所の監督責任者たちの職業訓練は、つねに教養の基礎としての古典教育に従っているはずだと決めつけること。もしくは反対に、監督責任者の職業訓練に古典的教養は不要だと決めつけること。また、血縁に基づいて官職が与えられるという事態は、統治の論理が発展していくうちになくなるに違いないとか、または全くその逆であるとか、決めつけること。さらに、リストに挙げられた様々な偶然的な事象(たとえば収監者を互いに話しかけないようにするという命令)が実は資本主義の発展や資本主義による従順な労働力の必要性に従っている、というような考えは、フーコーのアプローチとはまったく関係ない。

歴史的事例を扱う際には、歴史家たちによってしばしば使用されてきた道具——矢印をもった線で構成されたダイアグラムのことだ——を利用すれば、歴史を偶然性の相のもとに見るこの技法を習得する助けとなる。もちろん、フーコー的な研究法を身につけるためには、このダイアグラムの標準的なフォーマットを完全にひっくり返してしまわねばならない。そうすれば、その教育的効果は目ざましく向上するはずだ。従来の歴史家たちが、下位の要素から上位の要素への因果の向きを示すために、ダイアグラムに矢印のついた線を引いていたところで、すべての線の両端に矢印をつけ、そしてすべての要素どうしを線で結んでしまおう。あるいはダイアグラムからすべて矢印を取り去ってしまってもよい。そうすれば、因果の方向性などないことを例示し、要素群は互いに偶然的な関係しか持ちえないことが示せる。大まかに言えば、要素群はどんな組み合わせによっても結びついているし、また、まったく結びついていないとも言える。

こうして言うまでもなく、ダイアグラムは、特定のパターンや秩序が取り去られ、存在しえないダイアグラムか、あるいは、これまた秩序やパターンのない線の錯綜に見えるかもしれない。もう読者も気づいただろう。フーコーにとても近い二人のフランス人研究者――ジル・ドゥルーズとフェリックス・ガタリ――は有名な論文［Deleuze & Guattari 1988=1994: 13-39］のなかで、知のパターンというものを樹木のイメージで考えるべきではないと言っている。この場合の、樹木のイメージとは、根から固い幹を通って枝や葉へと向かう一方向的な成長のパターンを意味する。知のパターンとは、リゾーム――その成長は、固定化されたパターンがない地下茎の集合体である――だと彼らは言う。その地下茎の集合体は、予測できない方向に成長したり、時には互いに退化したりもする。樹木とリゾームというイメージの対比は、フーコーの方法における一つの側面を捉えるのに役立つだろう。

先ほど挙げた二つ目の事例に早速取りかかろう。そして、三つ目の事例は、この章の最初の練習問題としよう。

十二世紀の血讐的司法システムという観念が、この事例のなかで出くわした第一の偶然だった。偶然を見出すフーコーの技法を読者がきちんと身につけたかどうかは、ただちに容赦なく試されるだろう。というのも、このようなケースでは、現在に到る八百年という年月が「進歩」と呼ばれる神秘的な実体で満たされていると思いこんだり、近代的な環境において普及している司法制度が、十二世紀の司法制度よりもずっと優れていると考えたりしてしまいがちだからだ。フーコーのように偶然を見極めようとするならば、血讐的な司法制度も一つの制度、また私たちが親しんでいる近代的司法制度もまた一つの制度であるのだから、そのまま受けとめるべきだと分かるだろう。この精神をもってすれば、賠償的な処罰ももう一つの偶然であると理解できるし、また、現在でも人が危害を加えられたとき、悪事を働いた者は、処罰のことはさしおいて被害者になにものかを償わなくてはならないという事態も、この賠償的処罰の一部だと納得できるだろう。これは、刑事法と民事法のあいだの近代的な区別を思い浮かべるならば、そんなに難しくはない。たとえば、O・J・シンプソンが殺人事件で無実判決を受け、処罰を受ける危険からは逃れたものの、なお民事裁判に直面しなければならなかったことを思い出してほしい。その民事裁判の結果は、シンプソンが被害者の肉親達に償わなければならないのか、そして、そうであるならばいくら償うべきかをめぐるものだった。これは、ほんのちょっと前まで私たちには全く関わりのないものと思いこんでいた、賠償的な司法制度の名残りに他ならない。

血讐的司法制度が、片腕の損失と豚一頭の損失とを等価と見なすのは偶然である。ここで再び進歩主義の誤りに陥らないよう注意しよう。確かに、身体の一部が、生計を立ててくれる動物の喪失と等価であるべきだという考えは、私たちには奇妙に見える。しかし、近代的な司法制度は、愛する者の生命の損失を、一定額の金銭や監禁といった抽象物と等価にしてしまう。このことを十二世紀の人々は奇妙に思うはずだと考えてみれば、理解しやすいだろう。社会制度全てを自明視するのではなく、その奇妙さを認識しようとすることが、フーコー的方法を使う際には重要なのだ。

同様に、私たちは次のような諸事象のなかに偶然を見出すべきだ——たとえば、法の取り決めを逸脱して、復讐や処罰を行なおうとする試みのなかに（この試みがそのような状況に対する普遍的で変わることのない反応だなどと思い違いをしてはならない。それはある時代、ある状況においてのみ起こることなのであって、そのように扱われなければならない。もちろん、こうした態度には、「偶然」という用語の意味の核心がある）。そして、目を処罰の［対象となる］器官とするという選択のなかに（それぞれの文化ごとに、処罰、賠償そして復讐の対象として目は様々な価値を置かれてきた。ある時代、ある場所においては、目は処罰、賠償、復讐三つのターゲットとされたが、他の時代ではそうではなかった。さらに、別の時代では罪や賠償ではなく、単に復讐のターゲットであった）。そして、事例のなかであなたが演じた役割である、ある種の中立的な調停者のなかに（賠償的な司法制度において、はじめてそのような人物が必要となる。しかし、他の司法制度では当事者達が自分で問題を解決した）。

このような例においても、偶然の一つ一つが他の全てにたいし、偶然的な関係に置かれていると見なさなければならない。偶然どうしの関係には必然的なパターンなどありはしない。そして実際、それらの関係には必然的なものはまったくない。それらは、何らかの仕方で関係しているかもしれないし、していないかもしれない。たとえ偶然どうしが関係するとしても、それらが相互に関係しあうその形態は、どんなパターンによっても、またどんな外部からの力によっても規定されえない。原因や結果という属性を、偶然のなかのどれか一つに与えたり、また外部の力に求めたりするならば、迂闊にも偶然にたいして何らかの必然的な関係を押しつけてしまうことになる。したがって、明らかにされた全ての偶然をカバーする多方向の（もしくは無方向の）矢印をもったダイアグラムが役に立つのである。

ＯＫ！　次は諸君の番だ。

練習問題１・１

次の事例を分析し、そこに含まれている四つの偶然のリストを作りなさい。それらの偶然のあいだに存在しているかのように思いこまれている必然的な関係についても記述すること。

今度は時間を現在へと進めてみよう。あなたは学校の教師で、言うことをきかない悪ガキどものグループに手を焼いている。あなたは、秩序を与えようと、段階的な罰則制度を計画し、導入した。研修期間に学んだ子供の成長にかんする詳細な知識を利用し、処罰を与えるときには、かなりの配慮を払っていた。ところが、一部の親たちが学校長に抗議をしてきた。ルールを破った子供達を下校時間が過ぎても居残りをさせるという処罰が含まれる罰則制度は、あまりに厳しすぎるというのだ。あなたは突然、学校長に懲戒されるはめになってしまった。というのも、あなたが知らないあいだに、国の教育当局が子供の権利についての国連のガイドラインに応じて、最近になって各学校の学校長に居残りを残酷で尋常ではない処罰として禁止すると通達していたからだ。

練習問題の仕上げとして、二つの図表を書きなさい。一つは両端に矢印のついている線を使って、全ての偶然が互いに関係しあっていることを示しなさい（関係し合う偶然のパターンのない寄せ集め）。二つ目として、矢印を取り払ってしまい、偶然どうしには関係性がないことを示しなさい（関係しあわない偶然性の単なる寄せ集め）。そのうえで、これが因果の論理を適用するやり方とどう違うのか考えなさい。

すべての政治的主張にたいして可能なかぎり懐疑的になること

ではもう一つの技法——すべての政治的主張にたいして可能な限り懐疑的になること——に移ろう。この技法は、原因の代わりに偶然を見出そうとすることと密接な関連がある。さきほど、ジェニーとジーハが出くわした困難——たとえ今は実現されていないとしても、将来の進歩の可能性を見出すために歴史を利用してしまうこと——にたいする安全装置として利用するのがよいだろう。

懐疑的であることは、シニカルになることではない。懐疑主義とは、おおざっぱに言えば古代ギリシアにまで遡りうる厳密な思考の方法なのだ。ここでは様々な形態を取った懐疑主義の歴史と実践とを詳しく解説する場ではないが、懐疑主義の歴史の簡単なアウトラインを知っておくことは私たちにとっても有用なはずだ（このスケッチを助けてくれたジェームス・バターフィールドとジェフ・マルパスに感謝する。そのスケッチの粗雑さは、われわれの参考のしかたによるのであって、彼らのせいではない。またハンクスン［Hankinson 1995］を参照頂きたい）。

古代ギリシアの懐疑主義は、明確に区別される二つの陣営へと発展した。ひとつは、一般にアカデメイア派懐疑主義（プラトンの創始した有名なアカデメイアに因んでそう呼ばれている）として知られているもので、もう一つはピュロン的懐疑主義（その創始者である紀元前三世紀の哲学者、エリスのピュロンに由来する）として知られているものだ。アカデメイア派懐疑主義は、「われわれは何を知ることもできない」という命題を中心に体系化されている。この命題は、全ての真理への主張を根底的に拒否するための基礎となっている。

これにたいしてピュロン的懐疑主義は、「われわれは、何を知ることもできないという事実を含めて、何も知ることができない」という命題をその学の基礎としている。こうした命題の追加は、重大な帰結をもたらす。すなわち、ピュロン的命題は、断固とした、しかし、あまり過激ではない「判断の保留」を行うための基礎として役立つからだ。私たちがここで取りあげるのは、この二番目のピュロン的懐疑主義だ。

懐疑主義的姿勢を貫き、ピュロンは何も書物を残していない。彼について知ることができるのは、彼について語ったテキストの断片や、弟子達が残した断片を通してでしかない。そのなかの一つの断片には次のようなことが書かれている。

「ピュロンの弟子、ティモンは、幸福になろうとする者は次の三つのことに目を向けなくてはならないと言っている。すなわちまず、（1）諸々の事物がその本性上いかなるものであるか、次に、（2）われわれはそれらの事物に対していかなる態度をとるべきか、最後に、（3）そのような状態にある人には何が結果として残るかである。ピュロンは「諸々の事物は同等に無差別であり、不安定で不確定なものであって、それゆえにわれわれの判断も、真とも偽ともならない」と主張しているとティモンは言う。「だから、それらのものを信用すべきではなく、むしろ判断を下さずに、どちらにも傾かずに、動揺せずにいながら、個々の場合については、そうでないよりもむしろそうであるわけではないとか、そうでもありそうでなくもあるとか、そうでもなくそうでなくもないとか言うべきである」と。そのような心の状態にある人には、先ず無言明が、次いで心の平静 (ataraxia) が生ずるとティモンは言う」。（エウセビオス『福音の備え』第14巻、18-2）

ピュロン主義の立場をつきつめるならば、単なる方法論的な道具以上のものとなる。それは一つの生活様式へと近づいていく。このことは驚くにはあたいしない。というのも、ほとんどの哲学的立場にも同じことがあてはまるのだから。そして、生活様式としての哲学がもつ晦渋さを理解するのは極めて難しい。私たちにとってできること、またすべきことは、「判断の保留」という用語によっておおまかには要約できる技法の可能性を追求することだ。このためには既に述べたように、ピュロン主義の系譜をその紆余曲折の細部に至るまで辿る必要はない。しかしながら、ピュロン主義の特徴について残っているかぎりでは最も詳細な解説を与えてくれているので、セクストス・エンペイリコスの主張についてはしばらく時間を割くこととしよう。ピュロン主義の系譜については、さしあたって、紀元二世紀にセクストス・エンペイリコスの手によって大きく復活を遂げ、その後また衰退へと転じたが、一五世紀に再び復活し、ついにはモンテーニュやヒュームといった思想家によって近代哲学に確固とした橋頭堡を築いたと述べるだけでよしとしよう。

便宜的に『懐疑主義の概要』というタイトルがつけられている（日本では『ピュロン哲学の概要』と呼ばれる）本のなかで、セクストスは、ピュロン主義的な方法とは、いかなる真理の発見（独断論的な立場）をも拒否するが、真理を発見する可能性それじたいを否定すること（アカデメイア派懐疑主義の立場）をも拒否し、探求を無限に続けることであると示唆している。ピュロン的懐疑主義のもつこの側面――二つの重要な側面の一つだが――を、セクストスは「探求的な」懐疑主義と言う。この探求的な側面は、必然的に現象の厳密な記述を必要とする。

「序として次のことを記しておきたい。すなわち、ここで議論された物事の全てについて、それらはこのようなものどもであるとわれわれが述べたとおりだと、われわれは確信してはいない。むしろ、全ての事物について、その時はわれわれにはこのように見えたということに従って記述したまでである。」[Sextus Empiricus 1994: 3]

セクストスにとってのピュロン主義のもう一つの重要な側面は、「未決定」ということである。それは先に強調したように、判断を保留するということを指す。セクストスによれば、この目標へと到る最良の方法とは、「対立するもの」を提示することだ。このことは、すべての現象と認識――ピュロン的懐疑主義者にとって知の総体を意味している――それぞれを、あるものとその正反対のものへと常に二分割することを意味する。つまり、ある認識とその反駁、またある現象とそれを否定する現象、というように。この考えは、ある命題を肯定するものでも否定するものでもなく、肯定または否定してしまう可能性を避け、望ましい判断の保留に向かうということだ。対立するものだけを見出そうとするならば――全ての判断には、対等な反駁を対置することができる[Sextus Empiricus 1994: 5-6]――精神はついには判断の保留に到る。この手続きは「言うは易し、行なうは難し」だが、とても価値がある。

ピュロン的懐疑主義者にとって、現われ(appearance)がとても重要であることを確認しておきたい。人の意図が入り込まない、あるがままの現われ(appearance)は、セクストスによれば、ピュロン的懐疑主義がある命題に適切なやり方で同意しうる唯一の基礎である。しかし、注意しよう。これはきわめて限定された同意のあり方だからだ。たとえば、蜂蜜は甘いという命題にたいしては、ピュロン的懐疑主義は、蜂蜜は甘いものとして現れることを認める。しかしながら、それは蜂蜜が本当に甘いか甘くないかという問題を引き出すものではない。それは永遠に探求すべきこと、それゆえに、判断を保留すべきことなのだ。

セクストスが言うには、ピュロン的懐疑主義者は、人間の本性に由来する案内図のようなものとして現象を受け入れる。なぜならピュロン的懐疑主義者は、人間が本性として知覚し、考えうるという現象を受け入れるからである（ここから、現象と認識は知の総体であるという言明がなされるわけだ）。これにしたがって、懐疑主義者は、飢えや寒さ、暑さ、乾きというような感覚の必要性を認めるし、いかなる慣習や法であれ、それらの効力が作用しているように映るのを認める。そして、（薬学のような）専門的な知の効能が作用しているように見えるのも認める［Sextus Empiricus 1994: 8-9］。

セクストスは、「対立するもの」という観念を練りあげるために踏むべき一通りの複雑なステップをも教えている。ある現象にたいしそれと対立する現象を対置すること、ある認識には反駁を対置すること、ある認識にたいしそれを否定する現象を据えること（そしてその逆も）、過去のものや未来のものに現在を据えること（そしてその逆も）、現在にたいしてさえ対立する現在を据えること、など。私たちはセクストスの議論の道筋を完璧に辿る必要はない。なぜなら、それはここでの私たちの目的よりもずっと遠くにまで行くことになるからだ。しかし、セクストスによる次のような要約は、彼にかんする議論を締めくくるために引用する価値がある（それがどれほど判断の保留へと向かう私たちを鼓舞するか考えてほしい)。

「あなたたちが支持する学派の始祖が生まれる前から、その学派の主張は――それは疑いなく正しいのだが――明らかにはなっていなかったとしても、(現在のわれわれの目から見れば)自然のなかに確かに存在していたのだ。同様に、あなたが提起したばかりの主張に対立する主張もまた、われわれには明らかになっていないが、自然の中に存在している。だからわれわれは今とても強力な主張だと考えていることにもなお同意すべきではないのだ。」[Sextus Empiricus 1994: 12]

ここで私たちにとって――そしてインザマン、ジェニー、そしてジーンのような学生にとっても――もっとも重要なのは、判断を保留するためのもっとも直裁な回路を見つけ、歴史研究があつかう様々な対象にかんするフーコー的アプローチから最大限の恩恵を引き出すことだ。しかし、その前に、フーコー的方法を用いるうえでピュロン主義的なアプローチを活用している一冊の本について少し考えてみよう。

フーコー的な方法を駆使し、近代教育において用いられている諸技術が誕生した諸条件を描き出そうとするテキストがある。それらのテキストによって、教育を新たな観点から見ることができるようになった。たとえば、美学的な市民の誕生について論じたイアン・ハンターによって、個人的経験の領域とは、個人の特異性に基づいているものでもなく、また支配的なイデオロギーによって欺瞞的に押しつけられたものでもないことがわかってきた［Hunter 1988］。ハンターは、教育とは階級支配に奉仕するものだと見なす向き、その反対に教育を啓蒙の勝利と見なす向き、そのどちらの主張をも突き崩すことができた。それを的確になしえたのは、ハンターが判断を保留して歴史を利用したからである。

デイビッド・ストーによる一九世紀の教育改革は、ハンターにとって決定的に重要な出来事だった。そしてストーによる教育への貢献を分析することによって、ほとんどの教育学が間違っている点をハンターは指摘できたのだ。

「［教育研究者たちは］教育とは、文化の現われであると思いこんでいる。すなわち、自己実現的・功利的そして自己表現的なものと、それと対峙する規範を課すものとのあいだの典型的な対立を、歴史的に和解させるものとして教育を思い描くわけだ。彼らが対立するのは、人間能力の完全な発展へと向かう教育の普遍的な運動がすでに実現されているか、それとも「階級的な文化支配」の側にひどく傾き、［歴史の］弁証法的な運動が滞ってしまったため、それが実現されていないか、という点に過ぎない。しかしながら、自己実現と社会的規範、自己発見と道徳的修身とは、ストーによる教育学的な訓育改革においては、決して対立しあうものではない。それとは全く反対なのだ。自己表現の技法を通して道徳的規範が実現されるのは、遊び場における監視された自由のもとであり、そしてまた、個人をめぐって組織編成された自己発見の形式が浸透してゆくにつれて、全住民のレベルにおいて新たな社会的規範の実現が可能になるのだが、それが起こるのもまた同じ空間を通じてなのである。」［Hunter 1988: 38-9］

フーコー理論を真摯に受けとめ、非歴史的な政治的判断を下すために歴史を利用することを拒んだからこそ、ハンターの反常識的な結論がもたらされたのだ。彼は因果関係について判断を拒否している（彼は、あまりにも馴染んでしまっているため、普通は疑われもしない因果の物語を拒否する術を心得ている）。彼は行為の意図せざる結果を強調している。問題となっている現在と過去の関係についてハンターがどんな予断も差し挟んでいないことが見て取れるだろう。彼は過去が劣っている（なぜなら啓蒙されていないから――リベラル派の誤り）とも、過去が優れている（なぜなら素朴だから――マルクス主義者の誤り）とも考えない。

インザマム、ジェニー、ジーハに戻るならば、判断の保留とは、ある意味では、これまで議論してきた思想の系譜のみならず、全ての近代的な知的探究の核心にあると強調すべきだろう。私たちがたとえば宗教や労働、家族関係そして他の様々な知的探究の対象を調査する場合、当然のことだが個人的な判断を退けなければならない。インザマム、ジェニー、ジーハをはじめ、西欧世界においてはどこでも、人文科学、社会諸科学、そして科学を専攻する学生たち全てがこのことを知っている。しかし、ハンターの議論からも明らかなように、それはここで私たちが扱っている判断保留とは次元が異なる。それは、「仕事に個人的な判断を持ち込むな」式のもの（学生たちにはぜひとも期待したいところだが）でもなく、かといって、ピュロン主義を完璧に実践するというようなあまりにも高踏的すぎる類のもの（これは期待すべきでない）でもなく、その中間に位置するものなのだ。

二次的な判断を保留すること

フーコー的方法によって歴史を上手に利用するには判断保留が欠かせない。これは、多くの場合、あなたが自分自身によると認めた以外の判断を保留することである。このような判断を「二次的な判断」と呼ぶことにしよう。だが、本章のはじめから強調してきたように、中途半端で、不完全なこの判断保留でさえも、完璧に遂行できる者はいないのだ。二次的な判断を完全に保留しようとすれば、ピュロン的な生活様式を実行することとなる。繰り返し述べたように、それはフーコー的研究方法のトレーニングという本書の目的を大きく踏み越えてしまう（いわば、それは禅宗の僧侶となるに必要な精神的、肉体的な修練を達成することに等しい。じっさいピュロンがアレキサンダー大王とともに現在のインドを通って旅をしたと伝えられていることを考えれば、仏教とピュロン主義には関連があるという主張もまんざら嘘とはいえないのだ）。

フーコーの歴史的研究方法の核心をなすのは、あくまで二次的な判断から逃れようとする試みのプロセスなのであって、それぞれの試みの成果ではない。この試みには真摯に取り組まなければならないが、完全な成功が求められるわけではない（知的かつ統治的計画の挫折が不可避であることについては、マルパスとウィッカム［Malpas & Wickham 1997］を参照）。では、この方法論的技法のターゲットは正確には何であるのか。調査している対象について、他の調査をもとに信憑性を受けた一つの属性（おそらくこの属性は「原因」とか他の何かというレッテルが貼られるだろう）を与えるとき、二次的な判断はなされる。つまり、以前に他人によってなされた判断が持ち出され、用いられるというわけだ。こうして、厳密に言えば自分で判断を行うことなく、判断を下してしまうことになる。これこそが、フーコー的な技法が留保しようとする二次的な判断なのだ。非歴史的な政治的主張を導いてしまうのも、二次的な判断である。フーコーのあるテキストを読もうとしているインザマム、ジェニー、ジーハを例にとり、このことをさらに説明しよう。

フーコーは、彼の後期の著作『自己への配慮』［Foucault 1986=1987］のなかで、自己管理の形態を確立するため、古代ローマ人によって発展させられた様々な技法を詳細に記述した。その技法は、夢分析や夫婦間のふるまいの分析を含んでいた。私たちにとってこの本はフーコーの最高傑作である。そこに二次的な判断を見いだすのは難しいからだ。この本は、そのような判断に基づく政治的な主張から解放されている。そのような判断を保留し、歴史的な自己管理技法の簡潔で洗練された集積を読者が目の当たりにできるのだ。諸君にとってこれは驚くべき光景に映るかもしれない。人々は、自己の管理というような社会的な対象を扱う歴史的調査のなかで、二次的な判断が介在することに慣れすぎているので――それが彼らの非歴史的な政治的主張の基盤となっているわけだが――二次的な判断が宙吊りにされているテキストに出くわすと、それを捏造せずにはいられないのだ。こうした誤りは、次のような形をとる。つまり、最初に読んだときにはフーコーが叙述した歴史は額面通りに受け取られる。しかし、話はこれで終わらない。意識してそうするのではなく、むしろ習慣の作用によって、少なくとも二次的な解釈［そしてそれに続くさらなる解釈］がそこに重ね合わされていくことになる。こうして、二次的な判断が忍び込み、非歴史的な政治的主張がなされることとなるのだ。

インザマム、ジェニー、ジーハは『自己への配慮』を読み通すほどにフーコーへの関心を高めていた。インザマムは、彼が受講している社会理論の上級クラスでその本を読んだ。ジェニーは、彼女が積極的に参加している研究会が一連のフーコーのテキストに取り組んでいたので、そのなかの一冊として、『自己への配慮』を読んだ。そして、ジーハは、犯罪学研究のための予備知識として読んでいた。ジーハは、自己についての共通感覚（常識）が、古代ローマにおける刑罰の方法を特徴づけているかどうかを確かめようとした。ここで、いま一度確認すれば――三人はまじめな学生達であり、よく勉強し、よいフーコー的研究者になろうとしている。私たちは、彼らの誤りを取り上げるが、それは彼らの誤りが陥りやすいものだからであって、彼らがボンクラ学生だからさらし者にしてやろうというのではない。

インザマムは、最初にテキストを読んだ段階では、フーコーの描く歴史を額面通りに受けとめたが、習慣的にさらなる解釈を施してしまった。この技法は、上級理論クラスでは、大いに役立った。彼は、ウェーバーの『プロテスタンティズムの倫理と資本主義の精神』、デュルケムの『宗教的生活の原初形態』そしてマルクスの『ルイ・ボナパルトのブリュメール十八日』のあいだに、追放された人々の扱いという点で、ある共通性があることを発見し、好成績を収めることができたのだ。だが、インザマムは、『自己への配慮』に二次的な解釈を施した。古代ローマにおける追放された集団には多様性があることを指摘し、そのグループ間の差異は、権力からの距離に応じて自己管理技術の入手可能性に違いがあるからではないか、とインザマムは主張したのだった。この議論は授業では評価された。インザマムは、古代ローマに、二十世紀後半の西欧世界の政治的な基準を当てはめることによって、さらに議論を進めることもできただろう。このようなフーコー解釈を続けていけば、二十世紀の反差別法の勧告条項があったならば古代ローマの被支配的なグループは恩恵を受けたはずだとさえ、インザマムは主張したことだろう。

私たちはインザマムの非歴史的な政治的主張を論駁したいわけではない。ここでは彼の主張が正しいかどうかはどうでもよい。要は、そうした主張がフーコー的な研究手法とは無縁だということであり、ここでの目的は、どうやったらこの誤りを避けられるのかを示すことだ。私たちは、学生は政治的主張をすべきではないなどと言いたいのではない。政治的主張を行うことは、ピュロニズム的な「僧侶」の境地にでも達しない限りごくごくあたりまえのことであるし、また知的生活には不可欠でもあろう。バーナード・ウイリアムスがいうように、私たちには「近代社会において、どんな制約とどんな目的をもって権力がどのように行使されるべきであるかにかんする首尾一貫した意見という意味における政治」［Williams 1993: 10-11］が必要である。私たちが言いたいのは、そうした政治的主張とフーコーによる歴史の豊かな解釈とを区別し、政治的な主張を知的な領域の異なるカテゴリーに分類するのは可能であるし、また望ましいということだ。また、政治的主張のカテゴリーに分類された知を普段そうしているように介在させることなく、フーコーの方法を使おうというのだ。そのためにはまず、二次的な判断が頭をもたげてくる瞬間をはっきりと見極めなくてはならない。この見極めに成功すれば、非歴史的な政治的主張を脇に置いておくという第二のステップは容易になるはずだ。

すでに明らかにしたように、二次的な判断がはじめに現れてくる瞬間とは、あからさまな政治的主張がなされる瞬間ではない。それは、さらに後の段階だったからだ。二次的な判断は、一般に分析対象と関連すると見なされている、ある神秘的な人物像に紛れて入り込む。この「神秘的な人物像」とは、一般的に言えば、前に指摘したような解釈の習慣を象徴する者であり、おそらくは、ある特定の作者の名と最もよく結びつけられている。だが、こう述べるだけでは誤解を招きかねないので、詳しく説明しよう。インザマムの分析に二次的な判断をもたらした「神秘的な人物像」とは、カール・マルクスである。しかし、影響を受けたのはインザマムだけではない。二〇世紀後半になされたほとんどの二次的な判断の元凶は、カール・マルクスだとさえ言えよう。しかし、このことをきちんと論証するまでは、ある特定の作者の名（カール・マルクス）を二次的な判断の元凶と決めつけるのは、誤解を招くもととなるので、慎みたい。

確かに、マルクスのテキストには、私たちが政治的主張をするうえで都合のよい論点が満載されている。というのも、じっさい、マルクスは彼の本のいたるところで、読者が読むものの全てに政治を見出すことを促すような手法をとっているし、もちろんマルクス自身もなんらためらうことなく政治的な主張を行っているのだから。だが、マルクスがこの習慣を発明したわけではない。この点については、知的作業を革命の道具にしようと熱心に試みたルソーにも注意を向けておきたい。ルソーにあっては、革命の道具になることが、知的作業がなしうる全てであるかのようだ――もっとも、こうしたルソー解釈もまた誤解を招きやすい。ここでは、よい人生を過ごすために政治的コミットメントが必要か不要かということについては、古代からずっと議論があると指摘するにとどめよう。この問題はいまだ決着がついておらず、それを論じることは明らかにこの本の目的を越えてしまう（とは言え、ここでピュロン的懐疑主義の立場を明確にしなければ――もっともそうする必要があるとしたらの話しだが――怠慢のそしりをうけかねないので、一言だけ述べておこう。ピュロニズムは政治的なコミットメントがよい人生のために必要だとは考えない。しかし、政治的なコミットメントにも反対しない。政治的なコミットメントをする人たちもいるという現象をただ受け入れるだけである）。とどのつまり、この問題について引き合いに出される「ルソー」や「マルクス」のような名前は、それが重要なものだとしても、議論に役立つ単なる標識に過ぎないのだ。

社会理論上級クラスで、インザマムにとって大いに役立った技法は、マルクスによって広められたものだ（もちろん、先程述べた条件付きではあるが）。インザマムは、追放された人々の扱い方という観点から、ウェーバー、デュルケム、マルクスのテキストを関連づけて、高い評価を得たのだった。しかし、彼は意識していなかったが、そうした解釈は、じっさいには他の二人の作者にたいしマルクスの習慣を優先させることで、得られたものなのだ。もちろん、ウェーバーやデュルケムが二次的な判断から免れているわけではなく、ただマルクスにはこの習慣が強いというだけのことだ。インザマムはマルクスに学んでこの習慣を見事に身につけた。「表層の背後を見ろ！」と教師たちはアドバイスし、インザマムも常にそう自分に言い聞かせていた。「よく見れば、きっと政治的な関係を見いだせる」。確かにその通りだ。しかし、それは解釈にあたってインザマムが外から持ち込んだ判断にほかならない。

ここで言う二次的な判断とは、「ある事が政治的である」とする主張というよりは、むしろ、「何かがそこにある、何かが隠されている」とする判断だという点に注意してほしい。「それは政治的な何かだ」という判断はその次のステップに過ぎない。インザマムの場合では、「何かが隠されてある」という二次的な判断がまずあり、それが追放された人々と関係していると見なされた後、ようやく政治的判断のステップに至ったのだ（さらに反差別法と関係がありそうだと思いこめば、さらに次のステップがあるわけだ）。いまや、二次的な判断に続く後のステップは、まったく見当違いなものだとはっきりわかっただろう。私たちが説明しようとしているフーコー的方法の最良な利用という観点からすると、二次的な判断が働いてしまった後では、どんな内容のものが次のステップに来ようとも、もはや問題ではない。インザマムが『自己への配慮』からどんな隠された意味を引き出そうがどうでもよい。私たちの関心を引くのは、インザマムが「そこに何かを作り出さなければならない」という強迫観念に駆られたという事実であり、じっさいに「隠された意味」という獲物を追跡して捕まえたいという衝動を覚えたという事実である。フーコーの本が古代ローマ人の生活について細々とした叙述をただ積み重ねただけに見えることをそのまま受け入れるのをやめてしまった瞬間、そして精神がさらなる何か――インザマムの場合は、マルクス主義的な影響を受けた「深い」意味だった――を欲してしまった瞬間、二次的な判断に身をゆだねてしまっているのだ。その時点で、調査対象の一側面には、インザマムによって仮定された、古代ローマにおける自己形成の技法に見いだされる「階級的断絶」という属性があると保証されたわけだ。これは必ずしも原因とはいえないが、「重要な特徴」という属性である。その信憑性は、他の誰かの調査から借りてこられている。つまり、マルクス主義的研究者や研究グループの調査から。マルクスによって、もしくは先に指摘したように彼以前の人々によって、もうすでになされた判断をインザマムは使ってしまったのだ。

だが、ここで、精神が余分なものを欲しなくなるよう期待すべきではないだろう。私たちが主張したいのは、成功しなくとも努力をしようということなのだから。すべての政治的な主張にたいし、できる限り懐疑的でいるというさほど野心的ではない目的に達することができればよしとしよう。二次的な判断を行ってしまう習慣をある程度まで自制することができれば、他人の研究や、もっと大切なことだが、自分自身の研究に含まれる政治的な主張にたいして懐疑的姿勢を的確に取ることができるだろう。そうすれば、フーコー的な研究に必要な歴史化の作業を制限してしまうという最大の罠に陥るのを避けられる。二次的な判断に従ってしまう習慣が自制できていれば、インザマムはあのような政治的主張をすることはなかっただろうし、歴史化の作業を限定してしまう罠を避けうる適切な立場をとれただろう。

もう一つの例

取り急ぎ、別の事例に取りかかろう。その後でこの章のまとめとして、練習問題に取り組んでみよう。ジェニーが、研究会のテキストとして『自己への配慮』を読み、そこから得た理解について私たちがその誤りを説明するので、読者はジーハの読解にかんして同様のことを行って欲しい。ジェニーが所属するフランス系理論研究会では、ラカン派精神分析の系譜に数えられる幾つかのテキストに取り組んだ後、すぐさま『自己への配慮』に取りかかった。このグループによるフーコー解釈は、フーコーを使う練習を積むうえで大きな教訓を与えてくれるだろう。

ここで、私たちが（そして、このトレーニングにまじめに取り組もうとしている読者も）検討しているような事例を取り扱うさいに必要な注意事項をあきらかにしておきたい。というのも、私たちが、インザマム、ジェニー、そして彼女の研究会のメンバーについて述べることが、反知性主義の免罪符とされるおそれがあるからだ。つまり、マルクスを読むと二次的な判断を行うようになってしまうというのならば、知的な影響は一切退け、空っぽの頭でテキストに向かうのが一番よいということになりかねないからだ。

なるほど、社会理論の歴史においては、そうしたやり方をよしとする二人の風変わりな先達がいた。オーギュスト・コントとハーバード・スペンサー（二人の間には百年以上の開きがあるが）は、自らの精神から他の思考家達の思想による「汚染」を除去しようという、ある種の「知的衛生学」（コントによる印象深い言い回しである）を企てた［Ritzer 1992:16,36］。だが、これは、私たちがこの本のなかでとる途ではない。私たちは、インザマムには社会学の古典を読むよう強く勧めるし、ジェニーと彼女の友人達には、ラカン派ばかりではなくフランス現代理論の最新の成果を幅広く読むようにと言いたい。二次的な判断によって生じる様々な問題を取りあげているからといって、研究熱心な学生の読書を制限するつもりはいっさいない。というのも、私たちがピュロニズムの遺産を論じることで得られる素晴らしい副産物の一つは、ほとんど制限のない折衷主義なのだから。「人は自分たちが知りえないということすら知らない」という命題を真摯に受け入れるならば、私たちは、物事のありかたを懐疑的に受けとめるのと同じ仕方で、全ての知的な影響を受けとめることとなるはずだ。二次的な判断とそれがもたらす帰結を批判したからといって、知的な影響それ自体を批判することにはならない。ただ単に――いや単純なことではないのだが――懐疑主義的な注意を払って知的な影響を扱おうということだ。

ジェニーは、インザマムのように、フーコーの描く歴史をはじめて読んだときには額面通りに受けとめていたのだが、それからいつもの癖でもう一つの解釈を重ねてしまった。ジェニーにとって、これは避けられないことだった。しかし、それはインザマムのようにあからさまな政治的主張をする訓練を積んでいたからではなかった。二次的な判断から導かれたジェニーの政治的な主張は、インザマムの場合よりも洗練されてはいた。ジェニーが二次的判断をしてしまったのは、彼女たちがフランス系の理論に慣れていなかったからだ。研究会が取りあげたテキストはすべて、一度読んだだけでは理解できないものばかりだった。メンバー達は、テキストの「意味をつかもう」と、必死に勉強しなければならなかった。『自己への配慮』を読むため脇に置いておいた精神分析のテキストはとくに難解だった。インザマムとクラスメート達が、読んだテキストに政治的な含意を無理やり押しつけたのにたいし、ジェニーのグループはまったく反対のことを学んだ。つまり、テキストの意味を見出すことは困難で骨の折れる作業であり、かつ、フランス語のテキストに英語圏の価値観を押しつけてはならないという禁欲も必要だと悟ったのだ。それは、フランス語に堪能なことで、部分的には獲得できる倫理である（ただし、ジェニーと彼女の友人達は、フランス語ができない者への優越感を丸出しにするメンバー達には距離を置いていた）。ジェニーは、『自己への配慮』が、他のフランス系の理論テキストが「難しい」のと同じような意味で、「難しい」に違いないと思いこんでしまい、フーコーのテキストにさらなる解釈を重ねることになった。こうして、二次的な判断が忍びこむのをジェニーは許してしまったし、この判断を元に彼女と彼女の友人達は、理論そして理論の使用法について、洗練されているにせよ、非歴史的な政治的主張をするはめになったのだ。彼らは、たとえばフーコーは個人の自由を追求するフランスの知的ムーヴメント――フランス革命に始まり十九世紀のロマン主義をへて、二十世紀のフェミニズムと精神分析に到る――の一つとして読まれるべきだと主張した。

この誤りを議論するにあたって、ここでも、私たちはジェニーと彼女の友人達による非歴史的な主張が真実であるかどうかを議論するつもりはない。その主張が真か偽かは、ここではどうでもよい。なぜなら、そのような主張がフーコー的な研究とは無関係だということ、どうしたらこの誤りを避けることができるかを示そうとしているだけだからだ。社会における権力のありかたという一般的な問題について、学生達が政治的主張を行おうとするのは当然である。ゆえに、理論を読み「実践する」技法に必然的に伴う権力の作用というより特殊な問題について、政治的な主張を行おうとするのももっともなことではある。

ここでも次の助言を繰り返そう。つまり、そのような政治的主張を、フーコーによる歴史についての生産的な解釈からは切り離し、知的な領域において別のカテゴリーに属するものとして分類してほしい。そして、非歴史的なカテゴリーを使うことなく、フーコーの方法を使ってみてほしい（もう繰り返す必要もないだろうが、この試みは完全には成功しない。大切なのはそう試みることだ）。ここでも二次的な判断が頭をもたげてくる瞬間を見極めるようにしよう。そうすれば、非歴史的な政治的主張を抜き出すという次のステップに簡単に進むことができるだろう。

この場合も、二次的な判断が現れるその瞬間は、一見しても分からないほど微妙な政治的判断が紛れ込んだ瞬間ではない。さらに、ジェニーのグループが、個人の自由を追求する一連の本の最新のものとして『自己への配慮』を位置づけたときでもない。二次的な判断は、今回は神秘的な人物像を装ってではなく、神秘的な異質性――フランス系の理論的伝統のとりつきにくさ――に紛れ込んでやってきたのだ。ところが、結果は似ている。二次的な判断は、まずは隠された意味を探そうとする。しかしながら、このことを少し詳しく述べる前に、フランスの理論的伝統を、先ほどマルクスを弁護したやり方で弁護しておく必要があるだろう。

多くのフランスの著作家達が、彼らの特定の書物やフランス的伝統は近寄りがたいものだというイメージをことさらにつくり出してきたのは事実である（フーコー自身もインタビューでの発言を見る限りでは、これに荷担している）。しかし、彼らがこの習慣を発明したとは言えない。ここで再び古代からの論争、しかし今回は意味についての論争に遡ることができるだろう。この習慣の古い例を見つけようとすれば、キリスト教の伝統にある釈義学を参照するのがよいだろう。釈義学というのは、神聖なテキストの真実の意味を発見するため、「眼光紙背に徹するぐらい努力せよ！」というものだ。しかし、ここでもやはり古代の論争から調査をするのはこの本の範囲を超えてしまう。

ジェニーや研究会の他のメンバーが採用した解釈の技法は、ある種のテキストが容易には理解不能だという考えからその力をえていた。彼らはこの習慣を熱心な学生ゆえのよい学識として身につけた。教師や研究会のメンバーから勧められ、ジェニーは「よくよく見れば、深い意味を見つけることができる」と自分に言い聞かせた。たしかに、これは真実かもしれない。だが、それはジェニーが解釈するにあたって外から持ち込んだ判断なのだ。

ここでいう二次的な判断とは、あるものがある特定の性質を備えているというようなものではなく、「そこに不可解な何かがある」、「何かが隠されている」という判断である。ゆえに、二次的判断の次に続くステップが何であるかは、さしあたって私たちの議論にとってはどうでもよい。フーコー的方法の最良の使用法という観点からは、二次的な判断がやってきてしまった後の段階で、そこにどんな内容が盛り込まれようがどうでもよい。つまり、ジェニーが『自己への配慮』の「隠された意味」として何をつくり出したかは、ここでは重要ではない。私たちの関心は、ジェニーがテキストから何か解釈をつくり出さなければという強迫観念に駆られたこと、そして、「隠された意味」を探し出さなくてはならないと感じた、という事実にこそある。フーコーの本が古代ローマ人の生活についてのこまごました叙述をただ積み重ねただけのように見えるという事実をそのまま受け入れるのをやめてしまった瞬間、そして、精神がさらなる何かを欲してしまった瞬間、二次的な判断がやってきたのである。ジェニーの場合は個人の自由に関する「フランス的な」「深い」意味を欲してしまった瞬間、二次的な判断に身をゆだねてしまった。この時点で、調査される対象の一側面――ここでは、古代ローマ的な自己の形成の技法に含まれている自由の追求であるが――は、ひとつの属性を確証された。それは、必ずしも原因ではないが、ある「重要な特徴」という属性である。フランス系理論についての研究には、そのような表題のうえになされたものが幾つか見られる。つまり、他の人によって、既になされたひとつの判断が用いられるわけだ。

まとめよう。たとえ完全にではないにせよ、二次的な判断に従ってしまう習慣を自制し、適切に懐疑の道へと向かうならば、フーコー的な学問が要求する歴史化の作業を制限してしまうような罠に陥らずにすむ。ジェニーが二次的な判断をしてしまう習慣を自制することができたなら、彼女がしたような政治的な主張をすることはなかっただろう。彼女は直ちにより懐疑的になり、そして歴史化を限定してしまう罠を避けられたはずだ。ではこの誤りをさらに詳しく見ていくことにしよう。

練習問題　1・2

次のジーハによる『自己への配慮』解釈を読み、彼女がはじめに二次的な判断に従ってしまった時点を特定し、その判断を自分の言葉で説明しなさい。

ジェニーやインザマムと同様に、ジーハは、フーコーの歴史記述を最初こそ額面通りに読んだのだが、その後でさらなる解釈を重ねてしまった。インザマムは別として、ジェニーと同様ジーハはあからさまな政治的主張を行ったわけではなかった。ジーハは、古代ローマにおける諸刑罰の背後に一つの共通の論理を見つけようとする研究の一環として、フーコーが記述した様々な自己の形成技法のあいだに、いくつかの共通点を見つけようとした。ジーハは、このことを頭に入れて、古代ローマの生活に関する多くのテキストにあたった。ジーハは、いつでも、ローマ人の「本当の感覚」についての手がかりを見つけようとした。ジェニーと同様、ジーハは、テキスト分析は困難だと思うようになった。ジーハは、古代ローマの生活を論じた他のすべてのテキストが「難しい」ように、フーコーのテキストもまた「難しい」に違いないと踏んだので、習慣的にフーコーのテキストに二次的解釈を重ねてしまった。これをもとに、ジーハは、フーコーの本はローマ人たちの「本当の感覚」について論じたテキスト群の一つとして読めるし、読まれるべきだと主張したのだった。

ジーハの非歴史的な政治的主張が真実であるかどうかについて主張する必要はないことを頭に入れ、またジーハはこの習慣を研究熱心な学生ゆえのよき学識として身につけたことも忘れずに（彼女もまた「つねに表層の背後を見ろ！」、「よく見れば、深い意味を見つけることができる！」と自分に言い聞かせたのだった）できるだけ簡潔に、この誤りを避けることのできる方法のアウトラインを示しなさい。

第二章　頭が変になりそうだ。歴史ってもっと秩序あるものじゃないの？

「……でも、二五〇〇年前のギリシア人が成人男性と少年のセックスを微笑ましく思っていたといったって、今度制定される法律の背後にある思想について説明したことにはならないんじゃない？」この反論にカートリィは「しまった！」と思った。今回の授業中に行われたディベートで、カートリィはうまいことやっているつもりだったからだ。彼は自分の知識に自信をもっていた。近頃は、フーコーについての造詣の深さを周囲の人々にしっかりとアピールできているはずだった。だからこの反論には不意をつかれたし、心外でもあった。そこで、カートリィは気をとり直して話題を変えようとした。「じゃあ、ギリシア人はさておき、一九世紀の同性愛の言説について議論してみようじゃないか」。しかし、事態は思うようにはいかなかった。気がつけば、一人だけではなく、二人から反論されるはめになっていた。「どいつもこいつも俺を陥れようとしてるのかよ!?」という不安に襲われつつ、その不安を必死で打ち消そうとしていた。

「カートリィ、それは君がとりあげたのギリシアの例とは関係ないだろう」「そもそも、君は何世紀も乱暴に飛び越しちゃっているよ。それじゃ誰も納得しないよ」。

先生が助け船をだし、この悪質ないいがかりをたしなめてくれるのを、カートリィは心待ちにした。しかし、それは儚い望みだった。なんと先生までもが敵方に加勢し、手ごわい三人目の批判者になってしまったのだ。

「みんな君にちょっと手厳しすぎたかもね」彼女は慰めるように言った。哀れむような彼女の態度のせいで、「クールで知的な俺」というカートリィのセルフ・イメージは木っ端微塵に崩れ去った。

「あなたが権力に言及してくれたのは、私たちの議論にとってよいことだったわ。でも、『考古学』や『系譜学』のような用語をいい加減に扱わないよう注意しなさい」

みんなはもうそうした用語の意味を知っている……そのわけのわからない意味をきちんと理解しなけりゃならない——そう思うとカートリィは不安でたまらなくなった。

「どうすりゃこのドツボからぬけだせるんだ？　権力、知、考古学それに系譜学……今朝までは上手いことやってるはずだったのに……」

カートリィをこの泥沼からひきあげてやらねばならない。

フーコーは考古学、系譜学、言説などの理論的道具を用いて、歴史にある種の秩序を与えるとともに、権力―知というひねりを加えたのだった。このひねりが彼のアプローチを独特なものにしている。これらの道具の操作方法を注意深く学ぶことで、カートリィが陥ってしまった泥沼に落ちずにすむ。しかし、これらの道具について説明を行なう前に、前章で論じたいくつかの要点を簡単に補足して、フーコーの研究手法を使おうとする人にとって歴史がもつ重要性、ならびにフーコーの歴史記述の独特な性格について確認しておこう。

第一に、フーコーの歴史的な方法はとりわけ問題化に関わるのだが、このことを不安に思う必要はないということだ。はっきりしない状況に置かれていることを利点へと変えるための方法を学ぶことが重要なのである。この点について、フーコーと同じフランス人哲学者、ジャン・フランソワ・リオタールが有効な手がかりを与えてくれている。

「人は、何を言うべきか、どう語るべきかを知らずに書く、そして可能であれば、気がつくことができる…哲学者が興味をもつのは、うまく考えることができないことを考えることだけだ。そうでないなら、彼らは何をやっているというのだ。」

(ベニングトン［Bennington 1988: 103-4］からの孫引き)

問題中心的なアプローチについて、もう少しじっくりと考えてみよう。まず、フーコーの問いの立て方についてより詳細に述べることができる。彼が歴史にアプローチするときに選択されるのは、歴史的な時代・時期ではなく、「問題」である。問題とはたとえば、「いかにして監獄が刑罰の主要な形式として現れたのか」、「わたしたちが誰であるのかをめぐって、性がかくも重要視されるようになったのかはいかにしてか」といったものだ。しかし、どのような問いをたてるにせよ、ある問題を探求することによって、驚きがもたらされることこそ決定的に重要なのだ。フーコーの方法によって、驚くべきストーリーが生み出される（この点については後述する）。

この論点について明確にしておこう。次の練習問題は、歴史にたいする問題中心的なアプローチと時代中心的なアプローチとの違いをきちんと理解しているかどうかを確認するためのものである。

練習問題2・1

歴史上の時代・時期を三つ選び、研究のためにわかりやすい題名をつけなさい（たとえば、「第二次世界大戦期としての一九三九–四五年」）。選択した三つのテーマについて、問題中心的なアプローチを用いてどのような研究ができるのか考えなさい（たとえば、ドイツの国家社会主義と世界支配はどのように結びついたのか？　など）。あなたの調査する時代区分になにが生じるだろうか？

フーコーは様々な歴史を記述したが、第二の論点は、それらに一貫してみられる性格に関連する。歴史化を止めてはならない、歴史の分かりにくさを糊塗して見慣れたものにしてしまってはならない、と一章で強調しておいたことを思い出すだろう。この論点はいわば研究者の資質に関わる。歴史化を止めてはならないが、この姿勢を分析の道具として利用できているかどうか、常に自分自身でチェックしなければならない。言いかえれば、「歴史化をやめないということ」それ自体は目的ではないのだ。残念なことに、この方法に「脱構築」というラベルを貼り付け、この作業を唯一無二の目的としてしまう研究者もいる。その場合、「歴史化を止めない」ことが自己目的化してしまう。アカデミズムにみられるこのような傾向には警戒しよう。というのも、「歴史化を止めないこと」だけが目的となってしまえば、わたしたちの研究はアカデミズムという「不思議の国」にどっぷりとつかってしまい、ごく少数の人々以外には無意味なものとなってしまうからだ（「脱構築派」がとかく陥ってしまいがちなことだ。「脱構築」という言葉は、ジャック・デリダという固有名に密接に関連づけられているが、この用語を定義するのは難しい。脱構築はテクストを緻密かつ批判的に分析することによって、分析対象であるそれらのテキストが、西洋形而上学にみられる二項対立的な意味構造に忠実であり、それを強化してきたことを暴露する。ただし、デリダ派の脱構築は非常にしっかりとした知的系譜をもっているから、ここで論じているのはデリダ派の全体像というよりは、人口に膾炙してはいるものの大雑把で貧弱な、ごく部分的な脱構築の解釈にすぎない）。

「しかし、歴史化を止めないという姿勢を、いつ、分析的な道具に変えればいいのだろう？」という重要な問題がある。答えは「つねに」である。フーコーの方法の核心にあるピュロン主義的懐疑論によって、研究対象との間には懐疑的距離を保つことができる。そしてこの距離をうまく使いこなすことができれば、歴史化を止めることなく、同時に単なる知的操作として研究をしているのではないと確信できるだろう。歴史化を止めないことに自己満足をしている間に、研究対象が——セクシャリティ、犯罪、刑罰、狂気、そのいずれであれ——だいなしになってしまわないようにしなければならない。歴史化を止めないという態度は、その態度を貫徹することそれ自体に知的な達成や価値があるわけではなく、対象をよりよく研究するために必要なのである。

考古学

いくつかの基礎

フーコーの議論を整理するために、まず考古学について論じよう。『知の考古学』のなかで、フーコーは自分の用語法を詳細に分析している。道具としての考古学について論じるなかで、自分の関心はとりわけ、アルシーヴにおける言表の働きを分析することにあると述べている［Foucault 1972:79ff=1981:119ff］。考古学は「さまざまな言説を、アルシーヴの要素中での特殊性の規定された実践として、記述する」［Foucault 1972: 131=1981: 202］ものであり、アルシーヴとは「言表の形成＝編制と変換との一般的システム」［Foucault 1972: 130=1981: 200］であると論じている。フーコーは考古学と歴史学とを峻別しようとしていたが、彼の用語法を見れば、彼の方法が「歴史的」であることがわかる。自分の方法を理解するには歴史的な研究に携わる必要があると、彼自身が述べていることからも、このことは明らかである。ただし、歴史的な研究に関して、「言説の考古学的記述は、一般史の次元においてて展開される」〔Foucault 1972: 164=1981: 250〕というフーコーの特異な方法を踏まえておく必要がある。この文章の行間を読めば、彼が自分の仕事をフランスの歴史学方法論の伝統（アナール派歴史学やバシュラールおよびカンギレムによって練り上げられた科学論）に結びつけようとしていることがわかるだろう。フーコーは、自分の歴史的方法が「一般史」であることを強調している。この一般史というアプローチは全体史に対置される。全体史がある時代の展開を支配する包括的な原理を見いだそうとするのに対して、一般史は「全体的な」テーマを避け、もっぱら差異、変化、連続、変異などを記述する〔Foucault 1972: 9-10=1981: 19-20〕。少し長くなるが、ミッチェル・ディーンの文章を引用して、全体史と一般史の違いをはっきりさせておこう。

「全体史は、ある文明、時代、社会を支配する包括的な原理を見いだし、それらの一貫性を説明しようとする。つまり、空間的、時間的な座標軸に明確に位置づけられている諸要素の関係、そして因果性の均質なネットワークを明らかにしようとする。全体史は歴史が全面的に変化すると想定し、歴史をはっきりと区分し、統一性をもつ時代や段階へと分割することができると考える……これに対して、一般史は……系列、分割、時間性および次元の違い、連続性と変異のありよう、特殊な移行や出来事、ありうる関係性、等々を見いだす。一般史は、非包括的であり非還元的であり、上に挙げた対象が属する諸領域、それらによって構成される諸系列、それら相互の関係を明らかにするのだ……一般史は、細部、きめ、関係の形式の特殊性などに注意を払う。こうしたことは、社会的発展に関する科学として一般に流通している、歴史の時代区分という（歴史の）戯画を超えようとする場合には不可欠なものである。」［Dean 1994: 93-4］

考古学によって、ある一つの社会的編制＝アレンジメントのなかで言表と可視的なものとが織りなすネットワークを解明することができる。すなわち、考古学的研究によって、言表の「明け開き」における可視的なものに関する何か、および可視性の「明け開き」における言表に関する何かを明らかにすることができる。これでは曖昧すぎるので、例を挙げてはっきりさせよう。フーコーが『監獄の誕生』について論じたとき、彼の中心的課題は、可視性の一形態としての監獄（見えるもの）が、犯罪行為にかんする言表をどのようにして生み出したのか、そして犯罪行為にかんする言表が、監獄を強化する可視性の諸形態をどのようにして生み出したのかを明らかにすることだった。この例から、言表と可視的なものとの「相互条件づけ」という考え方をつかむことができる。

言説という概念については本章後半で詳細に検討するが、議論を少し先回りして、考古学の第二の要点は言説にたいする関係にあると指摘しておこう。フーコーの主要な関心の一つは、彼が「大文字の人間（Man）」の出現に関わる言説とよぶものについて、（歴史的に不変の）「真理」という観点からではなく、歴史的な観点から解明することにあった。そのためには言表の歴史を探究することが必要であり、それゆえ「アルシーヴ」に依拠し続けたのだった。以上のように考えると、考古学とは言説のアルシーヴを研究するプロセスであるといえる。

フーコーをめぐる議論がようやく深まってきたところだ。だが、「これは大変だ」と感じたのはカートリィだけではなかった。今度はステッフィにも目を向けよう。彼女はカートリィよりはずっと慎重なので、参加している社会学のクラスを席巻しているフーコー談義に惹かれてはいたものの、発言は控えていた。彼女の元彼は、別の大学の大学院生だった。彼女は一年前、偶然彼と再会した。そのとき、元彼が彼女の読んでいるものに心から関心を持った様子だったので安心したのだった（つきあっていたときは、彼が自分の知的関心に譲歩してくれていたのがみえみえだった）。というわけで、フーコーに取り組んだとき、彼がくれたアドバイスに感謝していた。「フーコーを理解したければ、性とか監獄なんかの流れはおいといて、まずは『言葉と物』や『知の考古学』を地道に読んでみることだよ」。その後一年間、彼女は二冊の本をじっくりと読んでみた。しかしそれでも、彼女はフーコー談義を聞いていても、居心地の悪さを感じてしまうのだった。彼女は元彼に電話で相談しようかとも思ったが、まだ気があるのかとは思われたくはなかったので、孤軍奮闘していた。彼女が困っていたのは、自分が読んだ本がわからないからではない。頭がクラクラすることも何度かあったが、そこで議論されている概念のほとんどは、納得したうえで理解したつもりだったからだ。彼女が困ったのは、理解したことをどうやって使えばよいのかさっぱりわからないからだった。この問題は、フーコーを講読している授業での議論を聞いていても解決されることはなかった。どうやってフーコーを使えばいいの？

ここからの話が肝心だ。慎重すぎるステッフィの差し迫った問題に対処することで、慌てんぼうのカートリィの手助けにもなるだろう。ここで、考古学的研究の二つの原則を挙げておこう。これらの原則は、全体史ではなく一般史を進めようという主張から導出されるものだ。

原則1　規則、差異、変換などを記述することにとどまるという意味で、考古学的研究は解釈をしない。

原則2　作者探しをせず、言表や可視的なものに焦点をあてるという意味で、考古学的研究は非人間主義的である。

実際に考古学的調査を行う際の注意点については後述するとして、まずは上に挙げた二つの原則をはっきりさせておこう。

原則1はまさにピュロン主義的なものだ。考古学的研究が解釈をしないというのは、二次的判断を回避するということである。その基本的論点については前章で論じたが、そこでは二次的判断を回避するのは思ったよりも難しいとも述べておいた。懲りずに再度強調しておこう。重要なのは、解釈しないよう試みるということである。原則1のもう一つの側面もまたピュロン主義的である。上で述べたように、考古学的研究は規則などを記述する。記述にとどまるということは、考古学的研究が、現われのレヴェルに留まることで満足すること、そして現われのレヴェルを「超えて」「より深い意味」

を見いだそうとしないことである。

原則2もまたピュロン主義的だが、前章ではふれなかった基本的事項に関わる。考古学的研究が非人間主義的であると述べることによって、現象に集中すべしという教えに別の側面が付け加えられる。この原則は、言表という現象に集中し、人間存在の意味を明らかにしようとする習慣を回避するよう促すのだ。考古学という方法は、このような習慣を打ち破るための方法でもある。この点については、後で権力について論じる際に立ち戻ることにしよう。

考古学の実践

考古学的な研究を実践する場合、最低、次の七つのことを試みることになる。

① 言表可能なものと可視的なものとの関係を記述する。
② 一つの言表と他の諸言表との関係を分析する。
③ 諸言表を反復可能にする（あるいは諸言表の使用を可能にする）諸規則を定式化する
④ 言表に関わる諸主体――さしあたっては主体を人間と考えておこう――のあいだに打ち立てられるさまざまな位置を分析する。
⑤「現出の表面」を記述する。現出の表面とは、対象が指し示され、働きかけられる場である。

⑥「制度」を記述する。「制度」は権威を獲得することによって、言説的な諸対象が存在し、機能する境界を確定する。

⑦「特殊性規定の形式（forms of specification）」を記述する。「特殊性規定の形式」は、どのように言説的対象に焦点が当てられるのかに言及する。それは、他の諸現象と関連づけるという目的との関連で、ある特定の現象を理解するためのシステムである。

これら七つの考古学的研究の「課題」それぞれについてより明確に理解するには、もう少し議論が必要である。事例に即して説明するのが最もわかりやすいだろう。ここでは学校教育を例としてとりあげよう。学校教育の考古学的研究は、少なくとも次の七つのことを試みる。

①言表可能なものと可視的なものとの関係を理解しようとする試みは、学校をつくりあげている言表やアレンジメントに焦点をあてる。例えば、校長や教師への命令、教師から生徒への命令、カリキュラムにかんする言表、そして複雑な建物、時間割編成、等々である。知は言表可能なものと可視的なもの、すなわち言葉とものによって構成されている。学校教育の例でも、言表されることこと（学習の理論、規律の理論など）と、見られること（建物、黒板、罰の手段など）、双方に注意する必要がある。ここで重要なのは、言葉とものとの関係は動態的であり、互いに条件づけあうということを、フーコーが強調している点である。

②ある言表と他の様々な言表との関係を分析しようとする場合には、言表の「秩序化」に注目する。例えば、教育当局から校長や教師へと通達される言表が、校長や教師から生徒に向けられる諸言表にフレームワークを与えるといったようにである。言表のシステムがどのように機能するのかに注目して研究しなければならない。

③諸言表を反復可能にする諸規則を定式化する場合、同じくらい可能性のありそうな言表（子供達の選択の自由を増やそうという言表）のなかから、ある特定の言表（例えば規律を増やそうとする言表）を選択し展開するために、例えば政府当局、校長、教師、親たちが用いる手続きに焦点が当てられる。ここでとりわけ重要なのは、いかにしてある言表（例えば、規律に関する言表）が反復されるようになるのかということである。この論点は、フーコーのアプローチにおいて「何でもあり」はありえないという先に述べた論点を反映したものだ。ある種の言表を反復可能なものにする――少し大げさな表現を使えば、ある言表を「真実」にしている――のは何であるかを調べる必要がある。

④言表に関わる諸主体のあいだに確立される位置を分析しようとする場合、主体の位置が言表によってどのようにして生み出されるのかに注目する。「校長」、「教師」、「監視員」、「両親」、「生徒」など、そしてもう少し立ち入れば「落ちこぼれ」、「優等生」、「良い先生」、「教育ママ」など、人間が獲得しうる存在様式、行動様式である。

⑤「現出の表面」――対象が指し示され、働きかけられる場――を記述する試みは、領域としての

「学校」や「家族」に焦点を当てる。この領域の内部では、例えば教育心理学が、教育的主体（「生徒、覚えの悪い子、優等生、等々）の特殊類型としての子供の「正常な」発達を規定し、素材としての子供達（家族の一員としての子供、ふざけたがる子供）にたいする働きかけがなされることになる。

⑥権威を獲得することによって言説的諸対象が機能する限界を確定する「制度」を記述しようとする場合もまた、学校に焦点を当てる。学校は言説的対象の範囲に限界を画す（一般に制度とは「可視的なものの場所」であることを憶えておいてほしい。この点をふまえたうえで、学校の建築的機能について考察するならば、ある種の空間的配置――特定の席順、特定の部屋、特定の机、監視のための空間、等々――が、学校の制度が機能するために果たす役割を理解することができるだろう）。

⑦「特殊性規定の形式」とは、言説的対象にどのようにして焦点が当てられるのかを指すものであった。それを記述する試みは、ある現象を私たちが理解できるようにさせるシステムに焦点を当てる。例えば、私たちが生徒の力量を判断できるのは、たとえば教育心理学がさまざまなボキャブラリーと一連の概念を提供することによってである。

あなたはここで私たちがすこしいかさまをしていると感じたかもしれない。というのは、わたしは教育の考古学をやってみたわけだが、（考古学が問題中心のアプローチだといっておきながら）肝心の問題とは何かについて述べることなしに始めてしまったからだ。この問題については、次の練習問題であなたが自分で取り組んで欲しい。

練習問題2・2

まず、練習問題2・1で問題中心的なアプローチを使って作った問題について考えなさい。今度は、上のリストを使って、あなたのつくった問題について考古学的に研究するときには、何を発見する必要があるのかを書きなさい。七つのステップすべてをカバーできるかどうかは気にしなくてもよい(最初からすべてカバーできるなら、その問題は研究するまでもないということだ)。最後にこの枠組みを用いて、考古学がいかにして構築されているのかを考えなさい。

より一般的な次元で考えてみると、考古学とは、一九五〇年代、六〇年代に活発に取り上げられた一連の理論的問題にたいするフーコーの応答であると考えることができる。彼の考古学的研究は、この時期に現れた構造主義の流れに位置づけられることが多い。彼を構造主義者と呼ぶべきかはともかくとして、彼がこの時期、現象学と実存主義の伝統に対抗し、この伝統から抜けだそうとしていたのは確かである。考古学という方法論的道具は、ハイデガー、バシュラールそしてカンギレムの業績に多くを負っており、その点で反人間中心主義的かつ非マルクス主義的である(アルチュセールの仕事と比べると、反―人間主義的であるという点では類似するが、反―マルクス主義という点ではまったく異なる)。

ここで考古学を知的伝統のなかに位置づけたのは、あなたがこれまで学んできた学問的伝統や著作のなかに、考古学を位置づけるのに役立つと考えたからだけではない。考古学と系譜学の違いをはっきりさせるという点で、本章の目的にとっても重要だからである。

系譜学

晩年のインタヴューや講義で論じているように([Foucault 1980b=2000]『ミシェル・フーコー思考集成VI』「一九七六年一月七日の講義」「一九七六年一月一四日の講義」として翻訳されているのが特に良い文献である)、一九七〇年代のフーコーは、権力を解明するための方法論的武器を精力的に練り上げていた(この点については後で論じる)。系譜学はこの探求の主要な成果である。系譜学(この用語そのものはニーチェから借りられたものだが、フーコーによる方法論の展開の仕方はニーチェのそれとは異なる)は、考古学の後継者と目されていた。とはいえ、系譜学は、アルシーヴにおける言表の集合体の精査など、考古学の本質的な構成要素を多く残している。しかし、彼は考古学に権力の分析という新たな関心を付け加えた。この新たな関心が「現在性の歴史」という形をとって現れたのだ。

一章でみたように、「現在性の歴史」としてのフーコーの系譜学は、政治的な二次的判断を押しつけるものではない。系譜学は判断を下すほど高級なものではないのだ。ニコラス・ローズがいうように、「系譜学はいかがわしい起源と人に不快感をもよおさせるような機能」［Rose 1984: introduction］を探ろうとする。言いかえれば、系譜学は、形式ばったディナー・パーティーに紛れ込んだ「ませガキ」のような効果を持つ道具である。つまり、系譜学は知的分析というテーブルで、みなが覆い隠しておきたい起源と機能を暴露することによって、年配のお上品な賓客達をこの上もなく不快にする。例えば、フーコーの精神医学の系譜学は、この学問の起源と機能が、その公式の歴史が信じさせてきた人間性への奉仕という高貴な貢献といったものとはかけ離れたものであることを指摘し、精神科医たちをいらつかせたのだった。「少なくとも精神医学のような「いかがわしい」科学の場合なら、権力と知の相互作用を、かえって確実な仕方で把握できるのではないか」［Foucault 1980c: 109=2000: 190］。フーコーが、精神医学は空になったハンセン病院を、新たな追放者たち（つまりは精神病者）によって満たそうという欲望から生まれたのだと半ば真剣に主張して、精神科医を憤慨させたのは有名なことだ。他の公式の学問――刑罰学、医学、心理学、性科学、等々――の系譜学も、同様の効果を持つ。

ここで、これまで示唆するにとどめておいたピュロン主義的懐疑論とフーコーの系譜学的方法との関係を明らかにしておこう。ここでの議論はジェームス・バターフィールドの論考［Butterfield 1966］に多くを負っている。フーコーは、カント以降の近代哲学が二つの陣営に分かれていると考えている。一方には「真理の分析論」［Foucault 1988a: 95=2002:183］に貢献した哲学者達がいる。彼らは啓蒙に本質的合理性を見いだし、それを擁護しようとした［Foucault 1984: 43=2002: 17］。この立場をとっている哲学者で現在最も有名なのは、ユルゲン・ハーバーマスだろう。他方の陣営には――フーコーは自分がこの陣営に属すると考えている――「われわれ自身の存在論」［Foucault 1988a: 95=2002: 183］に関心をもつ哲学者達がいる。この陣営は、「〈必然的なもの〉の現在の限界」［Foucault 1984: 43=2002: 17］を探求する。第二の陣営は価値判断に関わらないとフーコーは明確に述べている。

「人々の裁き好きには驚かされます。いたるところで、いついかなるときでも裁きがなされている。おそらくそれは、人間の行為にそなわった最も基本的な性格のひとつなんでしょう。人間は最後の一人になっても、つまり最後の抹殺行為が最後の敵をほろぼしてしまったあとでも、ぐらつくテーブルにつき、深々と腰をおろし、裁判を始めるでしょう……私は……裁こうとはしない批評を思わずにはいられません。」［Foucault 1988b: 326=2001: 287］

おそらく系譜学とは、フーコーのこうした夢の産物である。系譜学は、さまざまな想定を一掃し、かつ価値判断をしない。ここでは、何が正しく何が悪いのかということにかんする主張には存在の余地がない。フーコーは「あまりに容易な身振りを困難に」したいのだ［Foucault 1988c: 155=2001: 397］。「われわれ自身の存在論」を標榜するこの陣営は、ピュロン主義同様、究極的には内向きのものである。フーコーいわく、わたしたちは「自分自身」に働きかけなければならない。「人間（は）……自分自身を自ら創出（したり）…自分自身を作り上げるという使命に縛り付け」られているのである

[Foucault 1984: 39-42=2002: 15]。アタラクシア（平穏）への到達を目標とするピュロン主義の受動性とは異なり、フーコーはより積極的な仕方で、個人の自由を最大化しようとする。系譜学がターゲットとするのは、究極的には私たち「自身」である。すなわち、私たちは、思いも及ばなかった仕方で思考し、今までありえなかったような仕方で存在するために、私たちが今在るように存在するようになった偶然性を超えて考えるのだ。ひとことでいえば、系譜学とは自由を探究するための道具である。フーコーは、私たちが常に必然性の限界を広げていくことを望んでいた。「私たち自身の批判的存在論」を用いて「私たちが乗り越えることが出来る限界について」「実験」し、「自由な存在としての私たち自身に対する私たち自身の働きかけ」ることを望んでいたのである［Foucault 1984: 47=2002: 21］。系譜学のこの側面は、知識ではなく、自己を再創造する能力に向けた「内的触発」に関わっている。

残念ながら（あなたはほっとするかもしれないが）、これ以上あなたを自己探究の旅に連れ回すことはできない。ピュロン主義について論じたときと同様に、自分の探求の限界を認識しなければならない。つまり、私たちがここから先に進めるのは、方法論的な探究が許す限りにおいてのみである。また、これもピュロン主義について論じたときに述べたことだが、ピュロンたちと比べれば、それほど遠くには行けないのだ。しかし、ピュロン主義についての探究に限定を設けたときに指摘しておいたように、ほぼすべての哲学的な探究の果てには、新たな生の様式を探求する可能性がある。だから、この道の行く果てのはるか手前で立ち止まったとしても、私たちが保守的だというわけでもないし（少なくともそうではないと信じたいが）、さらに先を目指したからといって、フーコーが取り立ててラディカルというわけでもない。彼自身が認めているように、批判哲学のエートスを追求するのは、カント以降の哲学者の伝統のようなものであり、この伝統には「ヘーゲルからニーチェ、そしてマックス・ウェーバーを経由してフランクフルト学派」［Foucault 1988a: 95=2002: 183］までもが含まれるのだ。私たちは自分たちの探求の限界を認めたうえで、系譜学と考古学の違いというもっと俗っぽい問題に立ち戻ることにしよう。

系譜学と考古学との違いは、言説へのアプローチにおいて鮮明になる。考古学が言説の網の目をスナップショットのように切り取って見せるとすれば、系譜学は言説の網の目が形成されるプロセスに注目する。系譜学において言説とはたえず生成中のものである［Foucault 1981b: 70-1 =1931: 62-68］。考古学と系譜学とを一緒に用いれば、かなりの成果を挙げられるのではないかと思うかもしれない（私たちや他の研究者も一度は考えたことだが）。フーコーの業績のなかで、考古学と系譜学がどのような関係にあるのかについては、多くの論争が繰り広げられてきた（考古学者だという学者もいれば、系譜学者だという学者もいる）。この問題にかんして、私たちの主張はこうだ。後期フーコーは、『知の考古学』の用語法から距離をとろうとしたこともあったが、彼自身これら二つの方法を相互補完的なものとして捉え、両者の違いは言説に対するアプローチの仕方の違いにすぎないと考えていた。アプローチの違いとは、考古学が「歴史の断面」（その断面がどれだけ広大なものだったとしても）に重点を置くのに対し、系譜学は「歴史のプロセス」［Foucault 1978a, 1981b: 70-71; Kremer-Marietti 1985］に重点を置くということである。

フーコーが次のようにいうとき、両者の違いは最も鮮明になる。

「一言で言えば次のようになる。考古学は、局所的な諸々の言説態の分析に固有の方法であり、系譜学とは、そのように記述されたそれらの局所的な言説態をもとに、そこから解き放たれる脱―従属化した諸々の知を働かせる戦術である」［1980b: 85=2000: 228］

この文章からわかるように、考古学のほうは方法論として理解できるのに対して、系譜学は方法論というよりも、考古学を駆動させ、わたしたちの現代的関心に結びつける方法である。だから系譜学は、考古学的研究を「戦略的に」発展させたものとして捉えることができるだろう（この点については、［Foucault1981a; Bevis et al.1993; Dean 1994: 32-34］も見よ）。

ところで、ここでも詳しい説明をしないまま、言説について話を進めてしまった。言説について説明する前に、練習問題をやってみよう。カートリィとステッフィが受けなければならない考古学・系譜学の知識についてのテストを助けてやってほしい。

練習問題2・3

カートリィが「あわてんぼうで、最新のものに真っ先にとびつきたがる」性格であり、ステッフィは慎重で「知識を基礎から積み上げていく」性格だということを思い起こそう。カートリィが考古学の知識をさっさと脇に置き、系譜学について学んだことを信頼しようと考えたのとは対照的に、ステッフィは、考古学は維持されるべきであり、系譜学についても完全に鵜呑みにしないようにしなければならないと考えたとしても驚くにあたらないだろう。

彼らは一八三二年パリでのコレラの流行とその影響にたいする政府の対応について小論文を書くことになった。この出来事について次のような情報を与えられた［Kendal and Wickham 1996:209-12］。

コレラは、一八二六年インドにはじまり、一八三〇年にはロシア、一八三一年にはポーランド、ハンガリー、プロシア、ドイツ、オーストリア、イングランドを通過し、そして一八三二年の春になるとパリに到来した。通説の多くは、フランスの文明の優越性が大惨害にたいする免疫として機能した、と主張している。しかし、この病気が都市から駆逐されるまでの間に、およそ一万八千人のパリ市民が死亡した。一八三二年の大流行によって、港や地方の衛生委員会での隔離という伝統的な健康対策のほかに、政府によって二つの健康政策が付け加えられた。ラビノウはこれら二つの政策を、「衛生政策」「健康政策」としてまとめている。「衛生政策」とは、身体接触の回避を目標とする。これに対して「健康政策」は、病気が空気を媒介として伝達されるという理論に従って、不健康な地区を標的とし破壊するものである。

人口のより合理的な客体化が行なわれることになる……コレラの因果論的ストーリーを構築するためのこのような試みは……決定的なものではないことが明らかになったが、住人、建物によって理論化される「社会的環境」は、より実りの多い考え方であることがわかった。

パリの役人たちは、衛生研究がもたらした科学的知識にたいする信頼に刺激されて、政府の権限を、都市文化生活に押し付けようとした。多くの居住施設、公共的施設が非難を浴び、多くの建物が強制的に白塗りにされた。道路も噴水と舗装によって根本的に変えられた。病院、監獄、兵舎といった公共的施設は、食事や衣類の管理などの再組織化を行なわなければならなくなった。しかし、統治は成功することもあったが、「抵抗」という名で広く知られてはいるが漠然とした要因によって、しばしば失敗していたのである。

もちろんパリが直面せざるをえなかった問題は、コレラだけではなかった。

「一八五〇年まで、パリにおける居住・健康・交通・インフラストラクチャー（上下水道など）の環境はおぞましいものだった。パリには大通りがなく……きちん結び付けられておらず、凸凹で、交通渋滞をひきおこしていた。パリの人口は、一八〇五年には五八万人だったのが一八五一年には一二七万四千人に増加し、第二帝政末期には二百万人を超えていた……コレラは一八四七年、一八四八年、一八四九年にも大流行した。サン・シモン主義者のヴィクトル・コンシデランは一八四八年に次のように述べている。パリは「貧困、疫病、病気が一緒になって働いている腐敗の大工場だ。空気や日光は入ってこない。パリは汚い穴であり、植物はしぼみ、枯れてしまう。そして七つに四つは一年のうちに死んでしまう。」〔Rabinow 1989:73-74〕

一八五三年、このような状況を改善するために、ルイ・ナポレオンはジョルジュ・オスマン男爵に頼った。

『オスマンは都市というものに、働きかけられ、改善され、制御されるべき技術的な対象としてアプローチした。この目的のために彼がまず行ったのは、パリ改造の詳細かつ包括的なプランを作成することだった。これを完成させるために一年を要したということは、専門性、行政の階層秩序、この仕事に求められた技術的な卓越性がいかなるものだったかを示唆する。最優先事項となったのは、衛生と交通だった……交通に関して採られた政策とは、幅の広い大道路をつくり、それらを公園や広場につなぎ、少し小さな幹線道路へとつないでいくことだった。』〔Rabincw 1989:77〕

オスマンのパリ再建は目覚しいものだった。五七マイルもの幅の広い直線道路が新たに作られた。ガス灯の数は劇的に増え、一晩中明かりを照らし続けた。都市公園をつくることが、最優先事項だった。パリの公園地域の面積は、一九五〇年には四七エーカーにすぎなかったが、一八七〇年になると四千五百エーカーを数えるまでになった。オスマンはまた、汚水、下水の問題を解決しようとした。

すべてのパリ市民の家庭へ水道を供給するという野望は、完全に達成することはできなかったものの、ナポレオン三世にローマの水道モデルの重要性を説明することによって、彼はこの野望にかなり近づいたのだ。

カートリィとステッフィはフーコー的研究法にかなり詳しくなってきたので、考古学ならびに系譜学を使う際には、歴史が中心的な役割を果たすということを思い起こさせる必要はないだろう。考古学、系譜学という道具から導き出される技法のリストを挙げるので、リストの各項目について考察し、カートリィとステッフィの小論文を助けるために、簡単なプランを書いてあげよう。ただし、カートリィの論文のプランを練る場合には系譜学に集中し、ステッフィの論文のプランを練る場合には考古学だけを使うこと。

〈考古学〉

・アルシーヴのなかの言表を記述する。言表は言うことのできるものと可視的なものをカバーする。

・非―解釈的なしかたで、言表の規則性を記述する（現象レヴェルにとどまり、このレヴェルを超えて、「深層にある意味」をみつけようとしない）。

・非―人間主義的なしかたで、言表を記述する。作者探しを避ける。（ここでもまた、現象レヴェル（言表という現象レヴェル）にとどまり、人間存在の意味をみつけようとする習慣を回避することを想起しよう。）

・ある言表と他の言表との関係を分析する。
・言表を反復可能にする規則（言表の反復を可能にするもの）を定式化する。
・言表との関係において、諸主体間に打ち立てられる位置を分析する。
・「現出の表面」、つまり言説のなかで対象が対象としてあらわれる場を記述する。
・制度を記述する。制度は権威をえることによって、言説的対象がその内部で機能するための境界を与えるものだった。
・「明確化の形式」を記述する。ここでは、言説的対象が注目される。
〈系譜学〉
・言表を記述するという点では考古学と同様だが、強調点は権力におかれる。
・「現在性の歴史」を通して権力を導入する。「現在性の歴史」は「疑いの余地がない起源、不快な機能」に関連するが、これまで隠蔽されていた起源、機能にかんする事柄を指摘することによって、知的分析というテーブル席にならんだお上品な年配の客たちに、激しい不快感をもよおさせるものだ。
・言表について、言説の網の目のスナップショットとしてではなく、進行中のプロセスとして記述する。
・現在に関する問題に答えるために、考古学をもっぱら戦略的に使う。

これ以上先延ばしするわけにもいかないので、ここで言説という最もフーコー的だと思われる概念についてわかりやすく説明しよう。かみくだいて考えれば、言説という概念が非常に扱いやすく、さほど理解しにくいものでもないことがわかるだろう。

言説
いくつかの基礎

言説について説明する前に、言説という概念のフーコーによる操作の基本はごく単純で、諸君も多分もう聞いたことがあり、知っているものだということを確認しておけば、以下での議論もわかりやすくなるだろう。つまり、言説は生産的だということだ。例えば、「狂気」と「非理性」についての医学的言説が、精神的に病んだ人間をつくりだす。また刑罰学的言説が犯罪者を生み出し、性についての言説がセクシャリティを生み出す。しかし、早とちりしてはならない。言説にたいするフーコーのこうしたアプローチが、右のような言説が存在する以前には、精神病や犯罪性、そしてセクシャリティは存在しなかったという意味に理解されないよう注意しなければならない。このように考えてはならないのだ。

右に挙げた例から、例をひとつ取り上げよう。セクシャリティは、権力と知の様々な戦略が性の領域へと適用された十八世紀以降になってはじめて現われた。しかし、セクシャリティが登場する以前には何もなかったというわけではない。例えば、親族関係に基づく婚姻という言説的配置、キリスト教に基づく肉欲という言説的配置、さらに自己の支配に基づいた快楽の使用という言説的配置があった。これらすべてを「セクシャリティ」の先駆者として考えることができる。近代的なセクシャリティの言説のなかでは、「性（sex）」は何らかの生理的な境界に従属するものとしてみなされるが、近代以前にも「性」は確かに存在したのだ。つまり、「性」は、わたしたちが今や慣れ親しんでいるセクシャリティの素材である。しかし、逆方向に話を飛躍させてもならない。つまり、「性」が純粋な非言説的な領域にまず存在し、言説がそれに形を与えるべく後からやってくるのを待っているということでもない。言説の外部についてフーコーがどのように考えていたのかという問題については後で論じよう。さしあたり、次の二つのことを確認しておけば充分だ。つまり、フーコーは言説があらゆるものを含むとは考えてはいないということ、そして、非言説的なものについての彼の説明は、たとえば「性」が純粋に非言説的な領域に存在すると考えるほど粗雑なものではないということだ。

ここで「言説」という用語を使うことに疑いを抱かせるのは奇妙なことだと思われるかもしれないが、あえてそうしなければならない。というのは、この十年余りの間に、この用語に起こったことを考えれば、遅かれ早かれ、あなた自身がおそらくはそうした疑問を抱くようになるはずだからだ。言説という用語は、現在では市民権を得ているが、そのせいで、誰もが自分の好きな意味を与えてしまうという危険にさらされている。ここで重要なのは、言説とは言語だけに関わる概念であるという考え方を回避することだ（「言説分析」として具体化された場合には、しばしばそう考えられてしまっているが）。言説は言語にかかわるだけではない。
この論点について説明するにあたり、一九八〇年代初頭にイアン・ハンターが配布した、グリフィス大学でのディスカッション・ペーパーが大いに役立つ。このテクストは、適切にも「ミシェル・フーコー、言説対言語」と題されている（このテクストは公刊されていないが、いくつかの要点がハンターの著作［Hunter 1989］で紹介されている）。ハンターは導入部で次のように論じる。

「フーコーによる言説概念の定式化は、知の歴史を、諸観念の歴史＝思想史とは別のかたちで書こうとする試みに由来する。フーコーの記述した歴史は、観念や世論、影響関係の歴史ではないし、特定の経済的、政治的、社会的状況によって観念や世論がどのように形成されるのかについての歴史的な記述でもない。フーコーの描く歴史とは、様々な思考、様々な「知」を可能にする「物質的諸条件」を再構成しようとするものだ。彼の描いた歴史は、彼が思考と知の物質的条件の「考古学」と呼ぶものをつくりだそうという試みの表現である。この物質的諸条件は、「意識」や「精神」といった概念には還元できない。」（［Hunter n.d］強調は原文）

ハンターは、言説には（思考という）内部（ものという）も外部もないというフーコーのメタファーを検討することによって、右の論点を展開する。フーコーは、普段私たちが「思考（現働中の思考）」として理解しているものを、「思想（すでに考え終えられた思考）」として普遍化するのではなく、細分化しようとしているのだ。

言説―内部は存在しない

「言説には内部がない」とフーコーが彼一流の言い回しで言うとき、彼がいおうとしているのは、言葉やシンボルを用いる前から人は思考を働かせているという考え方、つまり、まず最初に思考のプロセスがあり、次に言葉やシンボルがそれを表現するという考え方は捨てなければならないということだ。ハンターは次のような例を挙げている。この例では、フーコーの洞察と哲学者ヴィトゲンシュタインの洞察とが結び付けられている。

「言語を使用する前から精神的な活動ないしプロセスがあり、後になってそれが言葉によって「表現」されるというわけでは「ない」……(例えば)次のような単純な数学的言説について(考えてみよう)。y=2x+5という、級数を増やしてゆく簡単な代数式があるとしよう。ここでX=2とすれば、級数は9・23・51…となる(ハンターの説明にあわただしくついていく前に、この数式は、2×2+5=9　2×9+5=23　2×23+5=51と進んでいくことを確認しておこう)…級数を次々に拡張していくとき、次の数を「思考する」とは何を意味しているだろうか。さしあたり、ある数を得る計算(言説的操作)を行うということを意味すると仮定しよう。このとき、この言説的操作が、数学的な言説の働きとは独立に存在する、次の数という私の思考を表現しているのは疑いえない。というのは、計算を実際にしなくても、次の数を得ることできるだろうからだ。しかし、このように考えることはできない……このように理解できないのは、私たちが「次の数」と呼ぶことになるものについての基準は、計算を実際にしてみなければ生み出されえないからだ。（一言でいえば、学校で）代数の技術を身につける前から存在する、ある一般的な認識能力によって、次の数を考えるわけではないのだ。」（[Hunter, n.d]強調は原文）

この例は理想的である。というのは、知というものはたとえ私たちが存在しなくても機能するという単純な真実に、私たちの注意を促してくれるからであり、またこの単純な真実がフーコーの方法の公準となっていることを理解できるからだ。この単純な真実は、一章でピュロン主義的懐疑論について論じたことを注意深く読んでくれていれば、簡単に理解できるだろう。単純であるとはいえ、別の例を挙げておこう。今度は数学的言説ではなく、説話的言説に関する例をとりあげよう。ハンターは、『性の歴史』第一巻［Foucault 1978b=1986］のなかの告白の言説をめぐる記述を取り上げている。

「ここでもフーコーは、同じく一般的な主張をしている。つまり「肉体の罪」という意識があらかじめ精神のなかに存在しているわけではないのだ。この意識は、歴史的なものとして、諸言表と技術から編成されるものの表層に現れるのだ……フーコーは次のことを例証している。二世紀から八世紀に至る教父の時代においては、告白は教会における重要な儀式ではなかった。実際、ルネサンスの時代まで告白はカトリック教会の年一度の行事として扱われていた。ルネサンスの時期になって、告白をもっと頻繁にやるようにという圧力が現れ、結果的に週一回の儀式となった。そして、告白としてみなされるものも変わった。例えば、告白にかんする諸規則、告解場の構造、改悛者ならびに告解者が学習するためのテクストなどに変化がみられる。このようにして、わたしたちが今日「セクシャリティの罪」と呼ぶものが特権化されていった。かつてセックスは大食、怠惰と同等のものだったが、ルネサンスの時期になるとセックスは大罪としてみなされる。重要なのは、セックスが罪であるということ、（不貞や姦淫などの）行為が極めて重要なものになったということ、罪としてのセックス、すなわち性行為が（不倫とともに）重要なものとなったということ、それだけではなく、頭の中で罪を犯す可能性までもが重要なものとなったということである。」［Hunter n.d］

フーコーの言説概念の射程をハンターは見事に捉えている。ここでは、言説が生のさまざまな側面を生産していることがみてとれる。言説を言葉にだけ関係する概念として捉えている限り、このことは理解できないだろう。

カートリィは混乱していた。ハンターの議論の要点は理解できたものの、どのように応用してよいのかがわからないのだ。カートリィからすればハンターが挙げた例はあくまでもフーコーの議論にかんする説明であって、使用できる方法についての説明ではなかった。彼は苛立ってきた。対してステッフィはといえば、予想通り、右の議論が何を意味しているのか、しばらくの間考えてみた。彼女は、フーコー＝ハンターの議論を、最近、学生活動家として関わっている今日的な問題に、適用することができた。その問題とは、大学の学費に関するものだった。ステッフィは、学費の無料化を求めるグループのなかにいた。考えていくうちに、メンバーたちが考えているのとは違い、自分たちの反対的立場が、権利をめぐるさまざまな考え方からおのずと派生したわけではないことを理解した。自分たちの政治的立場が、あたかもある政治的な姿勢が魔法のごとく精神に宿るように、政治的計算のメカニズムと無関係に達成されることはありえないのだ。だから、他の人たちが自分たちを自然に支持し、味方になってくれるはずだと期待したところで無駄だろう。彼女とその友人達が学費の問題を指し示し、それについて議論できるのは、さまざまなメカニズム――たとえば政党、学生組織、大学のコース、本、新聞など――が機能していたからなのだ。学費徴収に対して反対するという言説は、以前考えていたよりも複雑で「物質的」であることを理解することによって、権利の言語よりも、政治的計算を決定しているメカニズムにもっと注意を払うべきだと、自信をもって主張できるようになった。そして、この問題をフーコーの方法を用いて分析するならば、政治的計算を決定するメカニズムが（歴史的に）どのようにして形成されたのかを調べるべきだと気づきはじめた。

フーコーはこのような研究を、知あるいは歴史的出来事の「可能性の諸条件」を明らかにするものと呼ぶことがある。たじろぎたくなるような難解な物言いだが、心配無用だ。ここでフーコーがいおうとしているのは、あるものが出現するためにしかるべき場所になくてはならない、あれこれの断片的な事物を記述しなければならないということにすぎない（このように注意深くに定式化しておけば、出来事や知識、あるいは何かが起こるのは、「必然的である」という見当違いをせずにすむはずだ）。

ハンターによるフーコーの言説概念の説明に戻れば、思想とはフーコーにとって何も特別なことではなく、高尚な「思考」の産物でもない。思想とは、「散在している公的かつ歴史的な諸装置」が集合的に機能することによって生み出される、「現出の物質的な表面」に与えられる名前である。このように考えるならば、代数において数字が増えてゆくのも、他の「思考」がそうであるのと同じように、知的な思索者の私的な精神の産物なのではなく、公的な装置の作動の結果である（数学の例でいえば、とくに学校での数学教育の結果である）。この言説的「表層」を突き破り、「思考」という「より深いところにある内部」に達することはできない。存在するのは表層だけだ。罪にかんする「思考」、そして告白のメカニズムの機能についても同じことがいえる。

「フーコーが示唆しているのは、思考は他の何ものにも還元されえないということだ。思考の本質などないし、単純な性質もない。そして、思考によって人間が他の動物から区別されるわけではない。思考とは、われわれが思考と呼ぶものであり…このような公的な装置から歴史的に出現

したものすべてである。」［Hunter n.d］

さて、フーコーの用いたメタファーのもう半分——言説には物という「外」はない——について論じよう。もしあなたが賢明にも、言説についての説明が、前章で説明したピュロン主義的懐疑論に関係していると気づいたならば、たいしたものである。ご名答だ。歴史にたいするピュロン主義的なアプローチの拡張として理解することによって、フーコーの言説概念を最善の仕方で扱うことができるのだ。

言説——「外」はない

ハンターは、言説には「外」がないということ、ならびに「内」がないということとを密接に結びつけ、説明している

「われわれの言葉の使用は、「指示対象」というおなじみの概念によって支配されているわけではない……言語を使用するということ（つまり、計算を実際に行うこと）が、対象の属性であるとみなされるものを規定するのだ。たとえば、y=2x+4という数式の意味を、その対象である何らかの数に言及することによって根拠づけようとしても意味はないだろう。というのは、数を指し示す

ためには、式を計算しなければならないからだ。」［Hunter n.d］

フーコーが言説を一般化せず、指示対象を細分化しようとしたという点を、ハンターは指摘する。つまり、「（フーコーは）指示対象を、幾つかの指示対象の領域へと解体した。それらの領域は、特定のタイプの対象が出現しうる多様な空間を組織する、特定の計算形式と諸言表が作動することによって確立される」［Hunter n.d］。

今度はカートリィも理解できた。以前よりも時間をかけて、役に立ちそうな例を自分の頭で考えてみた。彼が考えたのは、労働組合の規制に関する政府の法律がどのようにして成立に至ったのかという、彼にとってはおなじみのトピックだった。法案成立の過程で、多様な言説のメカニズム（例えば、本、雑誌記事、新聞のレポート、公式または非公式の議論、判例、政府による公的手続きなど）がどのように作動するのか考えた。そして、これらのメカニズムは、当の法律の対象となっている当事者たち、つまり労働組合、政府そして雇用主たちの行動によって必ずしもコントロールされているわけではないことに気づいた。右に挙げたようなメカニズムが作動してはじめて、当事者たちの行動を指し示すことができるのだから、当事者の行動に言及するだけでは、それらの行動の意味を理解することはできない。ある特定の計算形式、認知形式の作動によって、労働法の諸対象が出現し機能する空間が組織されないならば、労働法の領域について理解することはできないだろう。

ここでもまた、ピュロン主義的懐疑論の影響をみてとれる。私たちは労働法という言説的表層を超えて、労働という「もの」、「より深い外部」へと到達することはできない。他の「もの」がそうであるのと同様に、労働という「もの」は、労働法が従わざるをえないような異なる領域にある独立した存在ではない。労働という「もの」は、法の公的装置と法的言説の働きによって生み出される。しかし、だからといって、他の諸言説が法の作動と衝突しないというわけではない。労働法の言説の作動のなかの「もの」は、競合する他の諸言説(例えば、法的ではない場面で行われる活動)のなかの「もの」とほとんど同じものである。しかし、競合する言説の主体(いわば、法廷手段よりもストライキを奨励する労働組合の活動家など)は、自分の言説領域のなかの「もの」のほうが、労働法の領域の「もの」よりもリアルだと主張するに違いないだろう。しかし、惑わされてはならない。十分な懐疑論的距離を確保していれば、さまざまな言説の主体が何を主張しようとも非言説的な「より深い」現実に達しているものなど誰もいないということに気づくだろう。

非言説的なものという考え方――フーコーにおいて極めて重要な概念である――については議論の余地が残されているとしても、「より深い」領域など間違いなく存在しない。ただし、イアン・ハンターの議論の最終的な結論には同意できない。というのは、彼は「言説」という用語こそが問題だと繰り返し主張するからだ。彼によれば、「言説」という用語こそが、曖昧さを引き起こす主な原因であり、『知の考古学』の弱点である。ハンターの考えでは、「言説は言語的現象に特有のものではない」にもかかわらず、「言説」という用語を使ってしまったために、フーコーが「思考、もの、等々が本当は言語によって生み出される」と主張しているかのように誤解されてきた。だから、言説という用語を使わないように提案するのである。もっともな提案ではあるが、私たちとしては（やっとここまでこの用語の適切な使い方を説明してきたことでもあるし）言説という用語を放棄する必要はないと考える。したがってここでは、言説という非言語的な概念がどのように機能するのかを明らかにし、どのようにして研究に生かせばよいのかを述べることにしよう。

非言説的なもの

言説という概念を用いるためのいくつかのステップを説明する前に、「非言説的なもの」というやっかいな概念に関連した問題が残されている。既に論じたように、全ては言説であるとフーコーは主張してはいない。先に挙げた性とセクシャリティの例に関連して、ここでは身体の例をとりあげることにしよう。身体は言説ではなく、その物質性において非言説的なものである。しかし、身体は、非言説的な真空のなかで存在したり活動したりするわけではない。もちろん、「身体」という言葉それ自体が言説的な産物なのだが、それだけではなく、身体そのものが言説の至上性のもとにおかれているのだ（フーコーは『臨床医学の誕生』［Foucault 1957=1969］のなかで、身体を「明確化する形式」としての精神病理学について語っている）。

拷問のように極限的な身体的実践について考えてみても、私たちはやはり言説的実践の領域の内部にいる。拷問は、つねにすでに一連の言表に組み込まれているかぎりにおいて、言説的なものである。フーコー流の考え方の影響のもとで、言説の至上性が物質（この場合は身体）を変えるということができる。もちろん、言表が拷問を受けている身体を直接に変化させるということではない。拷問に関するペーター［Peters 1985］やウィリアムズ［Williams 1993］たちの研究によれば、拷問は、言説、とりわけ法や倫理などの言説をとおして身体に働きかける。例えば、ギリシアおよびローマ法における実践は、個人の性と名誉といった現代にも通じるような概念によって基礎づけられていたが、奴隷の証言は拷問の痛みによって得られたものではないかぎり認められなかった（ここにある思想は次のようなものだ。つまり、奴隷達は市民達と同等には倫理的に訓育されていない。名誉を重んじるわけがないのだから、奴隷の証言は拷問によって引き出されたものでなければ信用できない）。倫理と法の言表が、奴隷たちの身体を直接攻撃するわけではないが、拷問、つまり直接的な攻撃をコントロールするのはこれらの言表なのだ。このように考えてみると、非言説的な身体が言説の領域から独立して存在するという考え方はナンセンスである。言説から独立して身体が形成されることはないし、身体はつねに言説をとおして分節化されるのだ。しかし、身体そのものは非言説的なものだ。

あなたはこう思ったかもしれない。「ちょっとまった！　どんな言説の影響も全く受けない非言説的なものがきっとあるに違いない。自然の世界はそうじゃないのか？」。もっともな疑問ではある。ここまで私たちは「完全な非言説的な領域に存在する対象はありえない」と主張してきたのだから、身体について論じたのと同じように、自然についてもうまく説明しなければならないだろう。自然が非言説的なレヴェルにおいて、自然についての言説から独立して存在すると考えるのもナンセンスである。この点については、次章で詳細に論じるブルーノ・ラトゥールの研究が役に立つ。彼は『科学が作られているとき』[Latour 1987: 94-100=1999: 161-173]で、科学における様々な論争において、自然が究極的な裁定者という役割を果たすことはありえないと論じている。「自然の声の意味は何か、その内容はなにか、どう表現するのか、どう構成するのか」という議論が生じるがゆえに、自然以外の正当化の形式がつねに必要とされる。自然というのは、すでに確立された事実を後づけ的に正当化するだけである。ラトゥールが論じているのは、自然現象という「事実」は言説に従属するのであり、自然という「事実」を言説が模写するわけではないということである。自然現象は、生産された「事実」として言説のなかに組み込まれる。一般的に自然現象として考えられているものを例に挙げて考えることにしよう。私たちにとって、雨は雲から落ちてくる水である。雨を神様のおしっことして考えていた古代の哲人集団を仮定しよう。この仮定が示唆するのは、雨とは可変的な言説的存在であり、完全に非言説的な対象としての「雨」を探し求めても無駄だということである。私たち現代人は、科学によって「雨」という物体そのものに到達したと考えたくなるが、「雲から落ちてくる雨」という物体は科学的理論によって保証されているだけである。ここで重要なのは、科学も他の諸言説と同じく一つの言説だということであり、ある言説の生産（「科学」）を、他の言説（「宗教」）から区別し比較する方法は存在しないということだ。

「では科学的な理論をどうやって検証するのか」、「科学、そして科学が自分の対象と見なしている物体のあいだには、どのような関係があるのか」という問題については、フーコーが答えを用意してくれている。そもそも上のような問いが可能であるためには、科学の対象が科学的言説によって可視的なものにされていなければならない。だから、上のように問いかけたとしても、純粋に前言説的な存在領域に達することはできない。科学の対象とは、言説以前の純粋な対象をそのまま反映したものではない。科学が「客観的に」観察する対象とは、その時々の言説の光に照らしだされることによって現れるものなのだ。科学の対象であれ何であれ、対象とは言説によって存在しうるようになる光、閃光、微光のようなものだ。ドゥルーズが『臨床医学の誕生』について述べているように、「歴史的医学的形成は第一の光を変調し、徴候をきらめかせ、病気の可能性の空間を構成していたのである」[Deleuze 1986: 58=1987: 93]。

この問題について、イアン・ハッキングは少し違った見方をしているが、彼の考え方のほうがわかりやすいかもしれない。ハッキング［Hacking 1992a］は、自然の物体は、人間の言説から独立しており、実際に世界に存在すると考える。しかし、同時に次のことを強調する。つまり、精神病のような領域について研究する場合に明らかなように、病気のカテゴリーは、病理学でおこなわれる病気のカテゴリーをつくりだす定義づけ的な研究とは独立には存在しない。ところで、ラトゥールとハッキングの主張は、それほどかけ離れたものではない。ラトゥールは、人間の言説の一部とならない限り、自然には何も存在しないという人間中心主義的な主張をしているわけではなく、自然がアプリオリに存在することは論理的には論証できないということを示そうとしているのだ。この議論にさらに深く取り組みたいなら、ハッキングによる多重人格障害（その後解離性同一性障害と名前が変わっているが）の発明についての研究［Hacking 1992a］を参照してほしい。

「フーコーの言説概念を使いこなすためのステップ」に進む前に、指摘しておくべき重要なことがある。私たちは言説が閉じた（自己完結した）システムではないこと、つまり、言説における革新の可能性はいかなるものであれ言説それ自体のなかに、当の言説に隣接する諸言説もしくは後続する諸言説のなかに、つねに存在しているということを強調した。しかし他方で、閉じられたものとして機能し、またそのようなものとして扱われてきた言説も存在する。たとえば、ジャック・デリダの研究の多くでは、形而上学的言説は、自己完結した状態を維持し、他の可能性を隠蔽してきたと論じられる。私たちが主張できるのは、この種の「閉鎖性」にたいしては警戒しようということだけである。周到なフーコー的なアプローチによって、革新の可能性について考えることができるだろう。

フーコーの言説概念を使いこなすためのステップ

ジュリアン・ヘンリクと彼の共著者たちが、素晴らしい手がかりを与えてくれる。

「［言説は］規則化されており体系的である。このことに関連する重要な命題がある。すなわち、ある言説が従う規則は、その言説に内在するものとは限らない。規則には次のようなものが含まれるからだ。すなわち、ある言説が他の言説と結合する仕方にかんする規則、そして、他のカテゴリーに属する諸言説（たとえば文学的言説に対立する科学的言説など）との差異を打ち立てる諸規則、さらに、これから現れうる言説の生産にかんする規則などである。規則は言表可能なものの境界を定める。とはいえ、（チェスのような公理的システムを除けば）言説は閉鎖的なものではない。言説が体系的であるということには、他の諸言説と体系的に接合されうるということも含まれる。実際に、言説は言表可能なものの境界を定めるが、他方で、概念、メタファー、モデル、類似などを通じて、ある特定の言説のなかに新たな言表がつくりだされる空間を用意するのだ。私たちの分析によれば、全ての言説は生産的実践の帰結としてみなされる。ここで生産的実践とは物質的、言説的、複合的であり、言説を生産する他の諸実践との関係がつねに刻み込まれている。だから、それぞれの言説は、言説的複合体の一部なのである。言説はさまざまな実践の複雑な網の目のなかに組み込まれているのだ。実践とは、定義上、言説的かつ物質的であることを心に留めておこう。」〔Henrique, Hooway, Urwin, Venn and Walkerdine 1984: 105-6〕

この文章から、フーコーの言説概念を使うための、「簡単な」五つのステップを取り出すことができる。ここで「簡単な」というのは、次のような意味である。言説という概念に関わるものすべてが簡単なステップであるというわけではない。言説についてここまで述べてきたことを鑑みれば、言説についてより綿密に吟味することが必要だという点に気づくはずだ。だからここで私たちが行うのは次のことである。まず、これらのステップを可能な限り簡潔なものとし、単純な形態のままで提示する。その上で、ここまで展開してきた言説についてのより複雑な議論と分かりやすいやり方で関係づけることによって、それぞれのステップについて詳しく説明していく。

ヘンリクたちの文章から抽出される最初のステップは次のようである。

① 言説を「諸言表」の集積体（corpus）として認識する。この組織を規則的であり、体系的でもあるものとして認識する。

後に続くステップを理解するには、第一のステップを的確に理解する必要がある。というのは、残りのステップは、第一のステップが示していること、つまり言説が規則的かつ体系的であることによって、さまざまな規則をもつということに関わるものであるからだ。続く四つのステップによって、言説のさまざまな規則を同定する。四つのステップとは次の通りである。

② 言表の生産にかんする規則を明らかにする。

③ 言表可能なものの限界を定める規則を明らかにする（もちろん、それらの諸規則は決して閉じられたものではない）。

④ 新たな言表が生み出される空間を切り開く規則を明らかにする。

⑤ 実践が物質的かつ言説的でもあることを保証する規則を明らかにする。

これらのステップについて詳しく説明する前に次のことを強調しておきたい。つまり、あるひとつの言説を切り離して分析する場合も、一群の諸言説の働きを分析する場合も、上に挙げた五つのステップを辿らなければならないということだ。前者の場合には、分離したひとつの言説に内在する諸規則を探ることになる。後者の場合には、それぞれの言説に内在する規則のみならず、複数の言説を結びつける諸規則をも探ることになる。

ステップ1（言説とは「諸言表」の集積体であり、この組織を規則的かつ体系的でもあると認識する）について説明するのはそれほど難しいことではない。というのは、ステップ1はフーコーの言説概念の使い方について語ろうとするなら、踏まなければならない基本的ステップであるからだ。このステップがわからなければ、この章をきちんと読んでいるとは到底いえない（もしステップ1で使われている言葉がよく理解できていないなら、私たちはあなたにステップ1すら踏ませられなかったことになる。よもやそんなことはあるまいと仮定して、議論を進めることにしよう）。ステップ1が最も明確になるのは、言説と言語を混同する危険性に注意を促した論点においてである。この論点の意味を理解するには、言説も言語もそれぞれ「規則的」かつ「体系的」であると認識しなければならない。このように考えねば、言説と言語を、体系的かつ規則的に区別できなくなるだろう。もちろん、言説という用語をフーコー特有の仕方で用いたからといって、必ずしも言説を規則的かつ体系的な諸言表の集合として認識できるわけではない。このように認識するためには、言表は「言葉」だけでなく「もの」にも関わるということを認識しなければならない。ステップ1のこの側面を最も明確に表現するのは、カートリィが説明した法的言説としての労働法の例である。あるいは、ここで少し寄り道をして他の言説（医学、心理学、等々）について考えてみるのもよいだろう。おそらく次の四つのステップに進むための格好の準備になるはずだ。

カートリィの研究からわかったのは次のことだった。労働法という言説的な表層を突き破って、労働という「もの」には到達できないこと、そして労働という「もの」は深層にあるわけではないし、言説から独立した存在でもないのだから、労働という「もの」によって労働法が規定されているとは考えられないことである。カートリィが言いたかったのは、労働法の言説とは、つねに労働にかんする「言葉」と労働という「もの」の双方に関係する諸言説によって構成されるということだ。そして、労働にかんする「言葉」と「もの」は公的な法装置の作動の結果であると彼がいうとき、労働法という言説を他の法的言説と同様に法として認知できるのは、言表が秩序づけられ体系化されているからだと述べていることにもなる。さもなければ、「法」は他の言説から区別できないだろう。

次にステップ2――言表の生産にかんする諸規則を明らかにする――について詳しくみていこう。セクシャリティの議論にもどろう。セクシャリティが一八世紀に現れたということは、それ以来この言説が生産され続けているということでもある。よって、言説を構成する言表をこれまで生産し、現在も生産している規則（性にたいする考え方の変化についてハンターを援用しつつ述べたことなど）について考察しなければならない。フーコーは「思考」と「指示対象」を細分化した、というハンターの文章を用いて説明した論点が、ここでもあてはまる。フーコーは、言葉やシンボルの使用に先立って思考のプロセスが存在するというイメージなど忘れてしまおう、あるいはすべての言葉やイメージにたいして指示対象という固定点が存在するという考え方から離れようと主張していたが、さらに、上のような様々な諸言表を生産する諸規則に注意を払うべきだということを主張していたのである。この論点については、すでに数学の言説、より複雑な告白の言説の例をハンターから借りて説明し、さらに自分たちで二つの例を考えてみた。一つはステップ4が関わった学生運動の言説、もう一つはカートリィが研究した産業法の言説である。この文脈において、これまでに挙げた例によって、これら四つの言説を構成する言表の生産規則の公的な側面を明らかにできる（例えば、学校教育、教会の規則、学生運動を規定する様々な政治的メカニズムの働き、法的メカニズムの働きなどである）。また、言表の生産は主体なきプロセスであること、すなわち、言表の生産を可能にしている諸規則は、人間の介入、あるいは行為を中心としているわけではないことも指摘しておいた。

ステップ3――言表可能なものの限界を定める規則を明らかにする――とステップ4――新たな諸言表が生み出される空間を切り開く規則を明らかにする――もステップ2に類似した領域をカバーしている。というのは、言表を生産する規則を同定する場合、ある意味では、言表可能なものの限界を確定する規則（ステップ3）、そして新たな言説を生み出す諸規則（ステップ4）を既に明らかにしつつあるからだ。したがって、ステップ3と4について説明する場合、ステップ3および4を、ステップ2から区別する特徴に細心の注意を払わねばならない。

言表可能なものの限定という論点に関しては、セクシャリティの言説の例が役に立つ。ステップ2によると、セクシャリティの言説が生み出されるようになったのは、どんなに遡ったとしても十八世紀以降でしかなく、セクシャリティを構成する言説を今も昔も生み出し続けている諸規則に注目しなければならない。しかしまた、セクシャリティにかんして言表可能なものを限定する諸規則に注意を払わねばならないのだ。たとえば、セクシャリティにかんする「科学的な」精神医学的言説を生み出すことを可能にする諸規則は、魔術や魔法に基づく言説、「肉体」に基づく言説のもとで言表可能であるような言表を禁止する。ここでも、フーコーは思考とその対象を細分化していた、というハンターの主張が関係する。思考という起源を探し求めるのではなく、様々な言表を生み出す規則に注目すべきだとフーコーがいうとき、言説の生産と同様に、その限界への注目が含まれている。数学の言説の例、告白の言説の例をハンターが挙げることができたのは、言説の生産条件と同様に、言表可能なものの限界についても念頭においていたからである。

ところで、このステップ3について論ずるにあたり、言説の閉鎖性についての議論にふれておかねばならない。形而上学的言説などがもつ言説の閉鎖性についてはうまく扱えないと認めたが（そして読者には閉鎖的にみえる言説に注意を促したが）、ここでもやはり無力である。私たちにとって問題なのは（もちろん、読者にはこの火中の栗をあえて拾ってほしいが）、ある種の言説（先に形而上学的言説にかんするデリダの例を挙げたが、宗教的言説、科学的言説なども良い例となるだろう）が、長い間、完結し閉じられているかのようにみえるような能力を築きあげてきたということだ。わたしたちは言説が革新される可能性をつねに考慮に入れるようにと主張したが、「言うは易し行なうは難いだろ」と反撃されても仕方がない。長きにわたり、世界にたいして「自分たちは自己完結している」かのような貌をしてきた言説を前にして、革新の可能性を開いておこうと言っても、とまどってしまうだろう。さしあたり、ここでも次のことを繰り返す他ない。第一章で論じた哲学的懐疑を実践していけばいくほど、すべての言説が変化に開かれていることを察知する能力も身についていくはずだ、と。

ステップ4——新たな言表が生み出される空間を切り開く規則を明らかにする——についても、セクシャリティの例、ならびにハンターが論じた数学の例、「肉体の罪」の例を使うことができる。ある言説を構成する言表を生み出し続ける規則について論じることで、同時に——ほとんどトートロジーに響くかもしれないが——新たな言表が生み出される規則についても論じていることになる。このステップの別の重要な側面を説明することによって、ステップ4とステップ2を明確に区別することができるし、またトートロジーという幽霊も追い払えるだろう。他のステップが言説の生産に注目するのにたいして、ステップ4は言表の新奇性、つまり言表の新しさ——に注目する。このステップを踏むことによって、言説の創造性、言説がいかにして新たな人格類型（たとえば、精神的に病んでいる個人とか、犯罪的である個人など）を作り出すのかについて説明することができるだろう。さらに、言説が人間を理解するための新たなカテゴリー（セクシャリティなど）をいかにして発明するかについても提示できる。こうして、上のような意味での創造性が、偉大な精神の持ち主による個人的な試みではなく、学校、病院、監獄といった極めて公的な装置に基づいていることがわかる。この創造性は何ものにも還元されえない。また、科学的な言説がつねに新奇性を帯びているのはなぜかという問題についても、フーコー流の洗練された答えを与えることができるだろう。つまり、科学的言表の新しさを破壊し、一連の思考と実践（ラトゥールが「ネットワーク」と呼ぶもの）へと細分化して分析することによって、科学的言説の生産をとりまいている知的神話を完全には払いのけられないにせよ、少なくとも問題として取り扱うことはできるはずである。

ステップ5——実践が物質的かつ言説的であることを保証する規則を明らかにする——を説明する際には、とりわけ、非言説的なものをフーコーがどのように扱ったかという論点に立ち戻ることになるが、それ以外の多くの論点にも立ち戻らねばならないだろう。フーコーの言説へのアプローチについて論じたほぼすべての論点で潜在的に扱われているのは、反ヘーゲル的（ゆえに反マルクス主義的）なテーマであり、つまり物質と思考の不可分性というテーマである。ヘーゲルとマルクスは、物質的なものと観念的なものとを適切に関係づけることに関心をもっていたが、それに対してフーコーが説くのは、対象がこのような区別を拒絶する方向に向かったほうが知的探求はうまくいくという懐疑主義的な路線だ。たとえば、ステップ5の規則によって次のことが明確になる。刑務所における諸実践には、刑罰学という言説、その先駆的または後継的な言説、そして、刑務所の構造、刑務所での生活といった物質性などがつねに関わっているということ。また性的実践には、性の科学や心理学、そしてそれらの先駆的・後継的な言説、そして性という物質性が関わっているということである。加えて、これらの規則を解明することによって、知というものが思考、思想、意見、観念などに還元されえず、明確に限定された公的かつ物質的な作動条件を持つ物質的実践として理解されるべきだということが分かるだろう。知にかかわる物質的実践としてはたとえば、読み書きの訓練、一般的な学校教育、印刷、知的活動（科学・エンジニア・医学など）のためだけに存在する専門職集団の活動が挙げられる。ステッフィはこのステップ5を学ぶことによって、自分が参加している学生運動を、多くの友人たちが考えているような論理的な「行動」としてではなく、言説と物質性の結合として考えるべきだと理解した。カートリィは、労働法の問題に辛抱強く取り組み、労働法について、非物質的な思考から区別された物質的行動の場としてではなく、言説と物質的実践との複雑な絡み合いとして考えるようになった。また、このルールによって、言説の背後、あるいは深層に想定される「深い」現実を見いだしてしまうという癖をやめることができるだろう。

ところで、このステップ5は、非言説的なものという概念に関して矛盾したことを述べていると思うかもしれない。あなたはイライラして訊ねることだろう、「どうしてそんなことが言えるんだ？さっきは、身体はその物質性ゆえに非言説的なものだと言ったじゃないか。だのに今度は、実践は物質的であると同時に言説的でもあると保証する規則を明らかにするってわけ？」。これはもっともらしい疑問ではあるが、議論の要点を忘れてしまっている。先に付け加えておいたように、身体はその物質性ゆえに非言説的なものだが、非言説的な真空のなかで活動しているわけではない。見かけ上の矛盾を解決するのは、言説の絶えず拡散する力という考え方である。結局のところ、私たちにとって

（あなたにもそう考えてほしいが）矛盾は存在しないのだ。

実践が物質的であると同時に言説的でもあるということを保証する規則は、非言説的なものの存在可能性を排除するものではなく、言説の主権のもと、非言説的なものがつねに言説の領域にあることを保証するのだ。この点については、拷問を受ける身体の例がうまく説明してくれる。拷問の諸実践を調べれば、拷問を常に物質的でありかつ言説的なものとするような規則を確認できるだろう（たとえば、奴隷たちをある特定の仕方で分類するギリシア、ローマ法のような言説の影響を受けて、身体に対して苦痛が与えられる）。しかし他方で、これらの規則によって、拷問の諸実践の中心としての身体は非言説的なものとしても理解されることになる。たとえ「自然」が「明らかに非言説的なもの」にみえるとしてもそうではないように、完全に非言説的なものはありえないが、だからといって非言説的なものという概念をわたしたちの知的土壌から消し去ることも不可能なのだ。

さて、これで言説概念をフーコー的に使う方法について言うべきことは述べた。今度はあなたの番だ。

練習問題２・４

プロテスタントが職業観念を資本主義の精神へと展開していく解釈のプロセスにおいて、ルターが果たした役割に関する下の説明について分析するとき、上で述べた五つのステップをどのように組み込めるだろうか。言説にかんするこれまでの議論を参照して、小論文を書きなさい（五つのステップとは1・言説を規則的かつ体系的に組織された「言表」の集積体として理解すること　2・言表の生産の規則を明らかにすること　3・言表可能なものを限定する規則を明らかにすること（もちろん、閉鎖的な規則ではありえない）　4・新たな言表がつくられる空間を生み出す規則を明らかにすること　5・実践が物質的かつ言説的であるのを保証する規則を明らかにすることである）。なお、ルターの役割の説明については、『プロテスタンティズムの倫理と資本主義の精神』［Weber 1989 = 1989］におけるマックス・ウェーバーの記述に依拠している。

ウェーバーはルターのきわめて伝統主義的な職業解釈を支える宗教的な根拠について論じる。「ルターは聖書を、自分のそのときどきの精神的態度という眼鏡をとおして読んだのだが、その態度はほぼ一五一八年から一五三〇年にいたる彼の展開の時期を通じて、つねに伝統主義から離れなかったばかりか、むしろますます伝統主義に傾いていった」。ルターの伝統主義とはまず、職業にたいするパウロの無関心に関連する。つまり「人はどんな身分にあっても救いに到達することができ、短い人生の巡礼途上で職業のあり方などを重視することは無意味だ」。しかし、ルターは世俗的な問題に直接巻き込まれる機会が多くなるにつれて、世俗内労働により大きな価値を置くことになっていった。とはいえ、彼にとって労働とは、神の意志、摂理の問題であり、資本主義の予兆とはなるものではなかった。「ものごとをありのままに認める……神の意志への完全な服従」としての摂理を信仰していたがゆえに、「ルターは結局、宗教的原理と職業労働との結合を根本的に新しい、あるいはなんらかの原理的な基礎の上にうちたてるにはいたらなかった」のだ。ルターのいう「職業は神の導きによって与えられたものであり、この具体的な地位を充たせというのが神の特別の命令」であり、ここには、職業労働が「神から与えられた使命」という観念は含まれていない。正統ルター派はこのような考えを強化し、「政府への服従と所与の生活状態への順応を説く」消極的な倫理をつくりだした。ルターは「禁欲的自己訓練の傾向を行為主義として危険視し、したがってルター派教会ではこうした自己訓練はますます背景に退かざるをえなかった」のだ。ウェーバーは、ルターの職業観念が自分の研究にとってそれほど重要ではないと結論し、プロテスタンティズム諸派のうち「その生活実践と宗教的出発点との関連が……一層確かめやすいもの」に注意をむけさせる［Weber1989:84-7＝1989:117-129］。

次のような課題についても考えてみよう。言説についての理解をふまえると、「一般史」の方向に進むことになるのに対し、ウェーバーのアプローチは「全体史」として特徴づけられるだろう。なぜなのか考えよう。

権力—知

カートリィがクラスでひどい目にあってから数週間が過ぎた。彼は考古学、系譜学そして言説について自分なりに地道な勉強を積み、少しずつ自信を取り戻していった。そして、クラスで再びフーコーについて議論している時、カートリィは不意に口走った。「そうだ、すべては権力に関わっているんだ！」。

またしても彼はただちに後悔するはめとなった。「あの日」彼をひどい目にあわせた論敵どもが、待ってましたとばかりに攻めよせてきたからだ。「またかいカートリィィィ。それじゃ前みたいに、乱暴に一般化しただけじゃないか」。

いつものように怒りがこみ上げてきたが、これまでとは違う奇妙な感覚を彼は感じていた（彼にとってはいままでに感じたことのない感覚だったのだ）。彼は自分が論敵たちに同意していることに気づいたのだ。彼らの意見に完全に同意して言った。「確かに君たちのいうとおりだ。確かに、考古学、系譜学、言説は、フーコーが見いだした権力と知との関係に基づいている。でもだからといって、すべては権力であるとはいえないいな」。

これまでステッフィにしかみられなかった慎重さをカートリィもようやく身につけつつあるようだ。

カートリィがふれていた、権力と知との入り組んだ関係について、私たちはまだ詳しく説明していない。彼が示唆しているように、フーコー独自の方法で歴史にアプローチし、考古学、系譜学、言説といった道具を技法として使うときに、フーコーならびにフーコー的研究者たち（そうでない人々も）が混乱しないでいられるのは、知と権力との複雑な関係のためである。

ここで、権力という概念によってフーコーがいおうとしたことについて批判することもできるが、そうすれば本をもう一冊新たに書かなければなるまい。本書の目的にとって必要なのは、完全に論じつくすことはできなくとも、フーコーの権力概念について検討し、知と関連づけること、フーコーの歴史へのアプローチをユニークなものとしている権力と知との関係を権力がどのように形成するのかを考察すること、さらに、権力という概念がフーコーの考古学、系譜学、言説の使い方をどのように特徴づけるのかを考察することである。先ほど論じた言説的なものと非言説的なものとの関係にかんする議論から始めることにしよう。

既に論じたように、言説的実践と非言説的実践との関係は言説的である。つまり、言説的実践と非言説的実践との関係において、フーコーは言説的実践に主要な役割を与えている。このように考えると、知の領域は言説的実践の優位によって支配されていることになる。しかし、言説的な関係が同時に権力の関係でもあると付け加えることによって、言説的な関係についてより詳細に説明することができる。先に述べたように、権力関係は（知の二つの軸である）可視的なものと言表可能なものを関係づける役割を担うが、権力関係はこれら知の二つの軸の外部にある。いいかえれば、一方では言説が知の領域を支配するが、フーコーのような立場をとる限り言説と知との関係については語ることはできないために、循環の罠のようなものから抜け出だせないことになる。このつながりについて語りえないのは、フーコーが、言説的関係におけるこの位相を他の位相から切り離し、独立した概念として処理しようとしたためである。フーコーはこの概念を、権力という語によって指し示しているのである。

権力（パワー power）という用語を選択したことは（少なくとも英語については）、多くの点で不幸なことだった。先にみたように、フーコー研究の世界では言説などフーコーの使った用語が（誤解されつつ）極めて頻繁に持ち出されているが、権力という用語についても、誰もが好き勝手な意味を与えているありさまだ。それだけでなく、フーコーの権力という用語は、ある種の陰謀理論と関連づけられ、この用語を使う多くの人にとっては、「権力」とはつねに背後に隠れて汚いことをしている何かになってしまっている（一章でマルクス主義との関連で論じた「隠れた意味を探し出さずにはいられない症候群」に関係があることは明らかだ）。これから簡単に論じるが、このような解釈はフーコーが意図したものではありえない。とりわけ知との関連で、いかにして権力を言説関係のなかのひとつの独立した位相として区別したのかについて論じる場合には、英語の「パワー」という語の日常的な用法を念頭に置くとよいだろう。日常語としての「パワー」は、動力を意味する。やっかいな言葉だと辛抱しながらつきあっていくときには、まず日常的な語法を思い起こすとよいだろう。ハントとウィッカムは次のように論じている。

「「権力」は、マシンの常に――不完全な営みに関係する技術的な用語なのだ。一般に「パワー」という用語は、次のような技術的プロセスに言及する際に使われよう。すなわち、車を（不十分に）動かすために、不完全（不十分）な内部の燃焼エンジンにガソリンを入れるプロセス。あるいは、たくさんの電気機器を（不十分に）動かすために、不完全な（不十分な）電気グリッドに石炭、水を入れ、あるいは核分裂を起こして燃料を補給するプロセス。これと同じように社会における権力を考えるべきなのである。エンジンが車を動かし、電気が器具を動かす。それは「不完全に」あるいは「不十分に」だが、車や器具は、完全にあるいは十分に作動するものではなく、恒久的に正確に作動するとは考えられず、常に何かがうまくいっていない、という意味であたり前のことだ。このプロセスにおける、唯一恒久的な側面は、プロセスを進め続けるということ、そのプロセスが恒久的であることであり、つまり、恒久的に統治するということである。これらの例において権力は、「複数の物事を進め続ける」というプロセスに他ならず、燃料や電気と言うとまぎらわしいが、ただ一つの「物事」ではないのである」［Hunt & Wickham 1994: 80-1=2007: 128-129］。

フーコーが「権力」という用語によって意味しようとしたものの特異性を強調するために、彼が論じたことについてマルクス主義者たちがどのように反応したのかを簡単に検討しておこう。きわめて興味深いことに、フーコーの権力研究はマルクス主義者たちの大きな関心をよんだ。しかし、マルクス主義者たちが関心を示したといっても、たいていは名前をチェックして、すぐになかったことにする程度だった。つまり、フーコーの名前がもちだされるのは現代性、権威、学識といったある種の箔つけのためだけであり、実際になされた研究はフーコーの権力研究とはほとんど関係のない代物だった。たとえば、スチュアート・ホールは、フーコーに同意しつつ「権力は単に抑圧的なだけではない、権力はフーコーの言う意味において生産的なのだ」［Hall 1988a: 3］と述べたその舌の根も乾かぬうちに、この洞察をきちんと活用することなく、政治的権力についてのテクストを書いてしまうのだ。彼は政治的権力を、政治家や他の人物によって所有されるものとして、フーコーとはかけ離れた意味で概念化してしまう。同じくロザリンド・ブラント［Brunt 1989］も、フーコー権力論の価値を評価しながらも、「陰謀」理論へと舞い戻ってしてしまう。ブラントの議論では権力を握った人々が大衆を抑圧するということになる。彼女は権力「体制」について次のように述べている。権力は、医師や司祭のように知を掌握した人々によって行使され、彼らの専門知識が権威を保証し、知識を欠いた人々に対する実際の支配を正当化するのだと。同様にラクラウとムフも「フーコーと同じく権力があるところには抵抗もあると断言しうる」［Laclau and Mouffe1985: 152=1992: 244］と述べてはいるものの、独自の「グラムシ主義」を展開しようとするために、階級闘争と従属（鋭くもフーコーが避けたテーマである）に関心を持ち続けている。さらに、フーコーと対話を行っているドゥチオ・トロンバドーリは、フーコー理論では「現実の」主体が消えていること——つまり具体性に欠けるということ——そして誰が誰にたいして闘っているについては何も記述されていないことに懸念を表明している。

「(フーコーについては)権力関係を決定しうる個性をもった現実の主体がいないという批判が残る(中略)誰が誰にたいして闘っているというのか」[Foucault 1991: 112-3 ＝*強調は原文]

フーコー権力論にたいするこれら口先ばかりの同意にかんして言及するのはこれぐらいにとどめて、先へ行こう。「政治」のことはさしあたり脇に置く。フーコーの哲学的定式に戻れば、権力とは「戦略」だといえるのだが、ここで戦略とは、言表可能なものと可視的なものとの関係を維持するものである。ところで、可視的なものは言表可能なものによって完全に規定されているがゆえに、つねに消尽の危機にさらされている。問題は、言表可能なものの自然生長性に対して、可視的なものは完全に受容的であるにもかかわらず、いかにして消尽しないのかということだ。この問題は哲学史上、繰り返し現れてきた。たとえばカントでは、悟性とは直感の規定要因だから、直感が消尽しないのはなぜかという問題が生じることになる。カントの解決策は「摩訶不思議なる構想力」だった。対してフーコーの解決は、知の二つの極が常に抗争状態にあると考えることにあり、二つの極のあいだの相互関係を、軍事的なメタファーを用いて語るのを好んでいた。言表可能なものと可視的なものは互いに切り離されているが、両者はそれぞれ他方と自己の諸条件との関係において互いに浸透しあうのだ。言表可能なものは、「分散の空間」において可視的なものを差し出すが、他方で自らを「外部性の形態」として差し出す[Deleuze 1986: 66,73 ＝ 1987: 106,115-116]。このようにして、たとえば考古学の実践では、言表の「明け開き」において可視的なものを露わにするし、また可視的なものの『明け開き』において言表を露わにする。既に述べたように、『監獄の誕生』でのフーコーは、可視的なものの一形態としての監獄が、犯罪性を再生産する諸言表をいかにして生産するのかを示す一方で、犯罪性をめぐる言表が、いかにして監獄を再強化してゆくような可視的なものを生み出すのかを示したのだった。「生産的な」これら二つの形式のあいだには、必然的な二重関係があり、このことがフーコーの方法の特徴のひとつとなっている。権力は生産的である。権力とは否定的なものでなく肯定的なものだというとき、彼がいおうとしているのはこのことだ。

しかし、上で述べたような、二重関係のあいだの抗争という考え方は充分なものではない。というのは、言表可能なものの優位を主張することによって、言表だけが唯一の勝利者であるということが示唆されてしまうからだ。したがって、権力にかんするより複合的な思考を導入しなければならない。先ほどまでの考察とは異なり、フーコーの権力の説明は、少なくとも部分的には、可視的なものが言表可能なものによって屈服させられるわけではないという説明になっているのだ。

ドゥルーズは、フーコーにおける権力概念の扱い方について（フーコーの「主体と権力」[Foucault 1982=2001]を引用しつつ）次のように要約している。

「権力は力のある関係なのだ。あるいはむしろ、どんな力の関係も、一つの「権力関係」なのだ……力は決して単数で存在するのではなく、他の様々な力と関係しているということが、その本質である。したがって、そのどんな力もすでに関係であり、すなわち権力なのだ。つまり力は、力とは別の対象や主体をもつことはない……「それ（力）は、行動に対する行動、可能的あるいはは現実的行動に対する行動、未来または現在の行動に対する行動である」。それは「可能な行動にむけられる様々な行動の一集合」である。私たちはそれゆえ、行動にむけられる行動を構成する力の関係や権力関係を示す様々な変数のリストを設けることができる。当然ながらこのリストは開かれたものである。煽動する、誘導する、迂回させる、容易または困難にする、拡大または限定する、より可能により不可能にする……」［Deleuze 1986: 70 = 1987: 112］

このように、権力は本質として抑圧的なものではない。所有されるのではなく、むしろ行使される。権力とは、「支配階級」が保持する特権ではなく、支配者も被支配者も同じように貫いている。権力について、属性としてではなく、実践として考えるべきなのだ（つまり権力「とは何か」と問うのではなく、どのように作動しているのかと問うべきである）。

さらに、諸力は抵抗の能力を持ちあわせている。ゆえに権力が実践されるのは、抵抗との関係においてのみである。諸力はそれぞれ他の力に影響を及ぼし、また他の諸力によって影響を受ける能力をもつ。この点についていくら強調しても足りない。フーコーにとって権力への抵抗とは、権力の作動の一部（権力の作動様式の一側面）である。ハントとウィッカムは、政治について抗争という観点から論じた後で、次のように主張している。

「抵抗は、統治の技術的構成要素の一つであり、統治が常に駆け引きを必要とするという事実に密接に関わる要素である。そして、権力が社会というマシンを不十分あるいは不完全に動かすことしかできないという事実は、一部抵抗によって作られている。(中略)フーコーの言葉で言えば、抵抗は権力の「打ち返し(counter-stroke)」であり、これは技術的で機械的な含意を強くもつ比喩である。権力と抵抗は共に、社会の統治マシンであるが、それは両者が「物事は決して完全には動かない」という自明の理に寄与しているという意味においてであり、抵抗は権力が十分に働けるよう仕えるという、陰謀論的な意味においてではない。」[Hunt and Wickham 1994: 83=2007: 133]

それゆえ、抵抗は絶望あるいは希望の源泉ではない。私たち分析者の仕事は、いかにして抵抗が権力の一部として作動するのかを記述することであり、抵抗を推し進めたり、あるいは反対したりするということではない。

ここまで、権力について諸力のあいだの一連の関係として、そして知について諸形式のあいだの一連の関係として論じてきた。だが、これらの諸関係それぞれの関係はどうなっているのか、すなわち知と権力の関係はどうなっているのかという問題が残されている。知と権力とは全く異質なものである。しかし、知の二つの軸のあいだに抗争があるのと同様に、知と権力もまた互いに抗争の過程に巻き込まれている。しかし、権力は形式ではなく、諸力を貫通している。権力はダイアグラム的なのだ(『監獄の誕生』のなかで、フーコーはパノプティコンをダイアグラムとして捉え、次のように論じている[Foucault 1977: 205=1977: 207-208]。ダイアグラムは次のような特徴・機能をもつ。ダイアグラムとは、ある特定の編成に特有な力の関係の表出である。ダイアグラムは、権力を影響する能力と影響される能力へと配分する。ダイアグラムは、形式化されていない純粋な機能と形成されていない純粋な素材を混ぜ合わせる。ダイアグラムは特定の地勢を伝達あるいは配分する)。上のような意味でダイアグラム的であることによって、権力は、地層化されていない素材や機能を作動させる。ゆえに権力は、局在的、不安定、フレキシブルである。対して、知は地層化され、アーカイブとして保存され、厳密に線分化されている(相対的に硬い線分性を帯びる)。権力は戦略的だが、匿名的である。権力の戦略は語ることなく盲目なのだ。それはまさに権力が知の形式(形態)、すなわち言表可能なものと可視的なものという形態を「逃れてしまう」からである。

フーコーは、権力の働きを「ミクロ物理学的なもの」として特徴づけている(ミクロ物理学という用語を用いてフーコーが意図したのは、自分とカントの考えを区別することだった。カントにおいて、実践的な決断とは、「知識 connaissance」、つまりある物事についての認識に還元できないものだった。フーコーが関心をもつのは、権力の実践が「知 savoir」、つまり何かをいかにするのかを知ることには還元できないということだ)。ミクロ物理学というのは、権力を微細に記述しようとするものではなく、権力の動的かつ局在化可能な性質を記述するものであると理解されねばならない。権力と知は、相互依存的であり、かつ互いに内在的に存在しているのだ。たしかにフーコーは権力にある種の優位性を付与していたが、それは権力が知なくしても(バーチャルな形においてのみであるが)存在しうるのにたいして、知は、差異化する＝微分的な権力関係がなければ、統合＝積分しえないからである。

もっとわかりやすく、単純化して考えよう。知がもつ、ある特定の権力の技術を実際に支えているという役割について考えるには、「なぜ?」と問うのではなく、「いかにして?」と問えばよいのだ。ハントとウィッカムが「統治」という用語を用いて権力の諸技術に言及していることを念頭に置きつつ、彼らから引用しよう。

「知は……制御ないし管理をより増大させようという企て……に関わっている。例えば、経済はスピードを落とされるべきである、あるいは刺激されるべきである。戦争は促進されるべきである、あるいは終わらせられるべきである……ここで知は、いくつかの統治の技術を他に勝るものとして選出するために活用され、当該の対象に管理ないしは操縦を押し付ける企てにおいて、選出された諸技術を実行するために活用されているのだ……活用される知は、単純で形式だってない知から、実に複雑で形式的な知まで幅広い。そしてその範囲には、近代社会諸科学において合理的と呼ばれる知と、非合理的と呼ばれる知が含まれる……例として経済の統治をあげるが、これにさえ同じように、知を組み合わせた諸技術が伴う。例えば、インフレーションを統治するマネタリストの技術は以下のものの組み合わせを通じて伝えられる。第一に貨幣供給面の変化が経済の繁栄に及ぼす効果を決定するために設計された、経済学理論やモデルに基づく複雑で形式的な(まさに合理的な)知。これは公式の政府文書や学術誌の記事、新聞を通じて伝えられる。第二に、廊下や喫茶室での雑談によって伝えられるような、どの政策が政府の役人や国際的な銀行家に受けがよいかなどの、単純で形式だっていない知。加えて第三に、これが「人々の真のあり方」だとする、ほとんど盲目的な信念(時にブードゥー経済学と呼ばれる)。」[Hunt and Wickham 1994:90=2007:143-145]

ハントとウィッカムはさらに詳しく説明している。

「フーコーからの直接的な影響に照らして、三つの密接に関連しあう要点を強調しておきたい。一点目は、実際に対象を統治する上で活用される知は、常に入手可能な知であることである。「入手可能」であることを強調するのは、フーコーが、統治の実例において、関連する諸制度の営みによって何らかの知が入手可能になる——他の知は入手可能にならない——仕方を入念に述べているためである。フーコーが統治と知の連結について最も上手に一般化を行っているのは、一定の諸制度と入手可能な知との複雑な関係を詳細に説明しているところにおいてなのだ……二点目に、フーコーの仕事は、人文諸科学として知られる形式的な知の複合体が出現したことを詳述しており、近代世界において広く活用される統治の諸技術が、人文諸科学によって伝えられるようになった道筋を数多く追跡している。例えば、狂気についての新しい知は、精神医学が逸脱の統治に使われることによって発生した。また処罰についての新しい知は、国家と地方の統治に行刑と心理学が使われることで生まれたのである……三点目に、これは彼の信奉者たち(例えば

［Hacking 1975; Hacking 1990=1999; Miller & Rose 1990］）が強調して取り上げていることだが、フーコーは、多くの近代的統治の技術にとって統計学的な知が重要であったことを示している。この点はとくに、近代国家-国民の統治に関係している」［Hunt & Wickham 1994:91=2007:145-146］

権力と主体

権力についてはもうひとつ、主体性に関連する重要な側面がある。主体性が重要なのは、フーコーの権力の記述において、主体の構成が権力の生産性の本質的な部分だからだ。フーコー曰く、「私の目的は……私たちの文化において人間が主体化され（＝服従を強いられ）ているさまざまな様式について、一つの歴史を構想することであった」［Foucault 1982: 208=2001: 10］。彼は、主体を「生産するもの」ではなく、「生産物」として考えた。

「構成主体をお払い箱にすることによって主体そのものからも自由になる必要があります。いいかえれば、主体がどのように構成されるかを歴史的枠組の中で明らかにすることができるような分析に到達する必要があるわけです。」［Foucault 1980c: 117=2000: 199］

とはいえ、フーコーは主体の積極的な役割をけっして否定してはいない。主体は積極的に自らを生産する。それだけではなく、まさしく主体は権力に従属するという意味での主体として、自らを積極的に生産する。「西洋世界が幾世代もの人間をそれに従事させた、産出するための膨大な工事であり……人間を、語の二重の意味において《sujet》〔臣下と主体〕として成立させるという意味においてである」〔Foucault 1978b:60 = 1986:79〕。

ここでわたしたちは、一般的に用いられている「個人」という語と区別するために、「主体性」という用語（フランス語 asujetissement という語の多義性を単純化した訳語）を用いている。通常、個人とは理性的存在、人間のふるまいの始点であり、身体という同一の物理的空間を占める、単一の矛盾なきものとして理解されている。しかし、このような意味での「個人」は、フーコーの影響を受けた研究者にとっては歴史的に偶然的な現象であり、一九世紀という歴史的時代に厳密に限定される発明物である（心理学的個人の誕生については〔Venn 1984; Rose 1985〕をみよ）。この個人という形象を問題化することを選択するとき、フーコーに影響を受けた研究者たちが「主体」ないし「主体性」という用語を用いて説明しようとするのは、この新しい心理学的発明物が、どのようにしてセクシャリティなどの生起する場としてみなされるようになったのか、そして、どのようにして「個人」が「自己のテクノロジー」の対象になったのかという問題である。（フーコーは「自己のテクノロジー」という用語を、『知の考古学』以来練り上げていた。彼は、この用語によって、心理学や他の公的な知、科学の作用を通して、自己が構成されていくプロセスを記述しようとする。上に挙げた様々な知は、自己を構成するプロセスのなかに組み込まれた体系的言説の一部であるという意味において「技術的」である。ちなみに、技術の語源はギリシア語のテクネーであるが、テクネーとは技法や技術、とりわけ建築技術を意味した。フーコー的な意味でのテクノロジーとは、まさに「建築」あるいは生産なのである。）

フーコーによる他の多くの定式化がそうであったのと同じように、ここでもまた言説という概念が関係している。主体のふるまいは言説の内部で生じ、さらに主体そのものも言説を通して生み出される。つまり主体は言説の句読点のようなものであると同時に、言説が〝その〟上で、そして〝それ〟を通して作用する身体を与える。このように考えると、主体がある種の知の諸条件をもたらすといえるだろう。フーコーにとって主体とは、力がそれ自身の上に折りたたまれる（二重化される）ことによって、つまり自己への配慮によって生み出される。あらゆる領域（身体の領域、力の領域そして知の領域）において、主体性は常に自己の自己自身への折り畳みとして生み出される。言説の内部での人間のふるまいは、言説のなかで主体が占める位置によって規定される。つまり、人間のふるまいは、言説と非言説という知の二つの極のあいだの空間を占める、主体の位置を通して起こるのだ。

主体について、個人にかんする通常の心理学的な扱い方とは全く異なる、上のような扱い方をすることによって、この個人という形象についても重要な反響がもたらされることになる。理論的には、あらゆる物事の起源としての「個人」に依拠する必要はもはやない。様々な場面に存在する単一の「個人」という形象ではなく、言説の内部で担われうる様々な主体の位置について考えることができる。主体の位置は、矛盾しあい、非合理的でありうるし、また実際そうなのである。主体についてフーコーのように記述する場合、権力関係が主体を言説のなかにどのようにして位置づけていくのかに注目しなければならない。たとえ「矛盾した主体性」が生み出されるにしても（とりわけそのような場合には）そうなのである。

主体に関して上のように説明すると、言説決定論、権力の本質主義的な思考などの問題が生じるのではないかと考えるかもしれない。このように考えると、主体は権力関係の働きによって、言説のなかを機械的に移動させられており、当の権力関係はといえば「権力への意志」とでもいうものによって動かされているだけだということになりうる。このように考えてしまう可能性にたいして、私たちは次のように反論しておこう。権力、知そして主体の複雑な絡み合いによって、起源や決定に関する問題はあらかじめ退けられている。私たちにとって、権力、知、主体というトリアーデは一つのシステムをなしているのだから、それぞれの要素についてバラバラに考えてもほとんど意味がないのだ。それぞれが互いの諸条件を規定しあっているからだ。したがって、言説が主体を規定しているとか、「最終的な審級」として権力が主体性の産出の原因であると述べるのは正確ではない。相互依存性という循環によって、三項のうちのどれが一義的なのかという問題はあらかじめ退けられているのだ。トリアーデをなす構成要素のどれをとっても、他の要素なしには（バーチャルな形態をのぞいては）存在しえない。

今度はあなたの番だ。権力について考えてみよう。

練習問題2・5

知―権力についてフーコー的な説明をおこなっている本を選び（本章で引用したものを選んでもよいし、他のものを選んでもよい。学校、監獄、病院、等々に焦点を当てたものなど）、それについて小論文を書きなさい。ただし、知―権力について次に挙げる要点から少なくとも四点選び、それらの要点がどのように用いられているのか（あるいは、どのように用いられていないのか）を論じなさい。

・知―権力によって、考古学・系譜学・言説などの道具を利用することが、フーコー独自の歴史アプローチとしてみとめられることになる。

・わたしたちはフーコーの権力理解についての説明を、言説について説明することから始めた。言説関係は権力関係であり、可視的なものと言表可能なものを結びつける。しかし、フーコーの立場にとどまる限り、権力を言説のほかの位相から独立のものとして区別しようとする点で、言説―知については語ることができない。

・「権力」は問題含みの用語である。というのは、陰謀理論と関連付けられることが多いからだ。この問題を乗り越えるためには、技術的な意味でのパワーについて考えること、そしてこの用語が動いているものに関して日常的に使用されていることを憶えておくとよい。

・マルクス主義者はフーコーの業績を使用しつつ自分の主張を展開するが、権力にたいするフーコーのアプローチは、マルクス主義のアプローチとは全く異なる。

・権力は、可視的なものと言表との関係に関する戦略であり、可視的なものの消尽を阻止する。彼は権力にみられるこの二つの軸を、抗争状態にあるものとして考えていた。言表と可視的なものは、それぞれ区別されるものの、それぞれ他方と自己の条件との関係において相互に浸透しあう。二つの形式のあいだの二重の関係は必然的なものだが、この関係は生産的なものでもある。したがって、フーコーにとって、権力とは生産的なものである。これが、彼が権力とはネガティヴではなくポジティヴなものであるということの意味である。

・権力は抑圧的なものでも所有されるものでもなくて、行使されるものである。

・権力への抵抗は重要である。しかし、賞賛もされるものでも非難されるものでもない。抵抗は権力の技術的な構成要素であり、その作動の一部である。

・権力は諸力の関係であり、知は諸形式の関係であるが、両者は異なるものとして、また同時に相補的なものとして関係する。権力は、非―地層的、局所的、不安定、フレキシブルである。対して知は地層的、安定的、線分的である。権力は知の形式をのがれる。権力と知を同じものとして考えるという誤りを犯してはいけない、これは俗流フーコー解釈である。フーコー自身が述べているように、もし権力と知が同じものならば、それらの関係について分析した彼の学究生活のほとんどの時間は無駄だったことになる。

・権力を「ミクロ物理学的」――移動可能で局在的――なものとして考えることによって、フーコーは権力を知との関係において、権力を一義的なものとして位置づけることができた。権力は知が存在しなくとも、なんらかのかたちで存在するだろうが、知は権力なしには存在しない。
・上のテーゼを一言でいえば、知は権力を支えるということである。
・主体性はフーコーの権力、権力―知の説明にとって非常に重要である。権力は生産的であり、主体性を生産する。主体は権力の生産物だが、だからといって能動的でないというわけではない。自分自身を生産するという意味で能動的であり、権力に従属する（subjected）という意味で、自分自身を主体（subject）として生産する。
・フーコーにとって主体とは、一般的、心理学的意味における個人とは異なる。心理学的個人が、「自然」かつ「不可避な」ものとしての個人の存在を前提するのに対して、フーコーはこのカテゴリーを歴史的に偶然的なものであると考える。つまり、主体は研究の対象であり、いかなるものであれ何らかの内容が前提されるべきではない。
・個人について上のように（いわば自然現象ではなく、発明されたカテゴリーとして）考えることによって、フーコーの仕事では「自己のテクノロジー」について語られることになる。この発明によって、自己が「発見」されたり修正されたりする。
・権力は言説によって主体性と関連づけられるが、同じように、主体が知の条件をなすといえる。このような見方をした場合、個人をあらゆるものの起源とする見方を拒絶し、言説における様々な主体の位置を考えねばならない。主体のとる位置は矛盾をはらみかつ非合理なものでもありうる。
・このような考え方は言説決定論にみえるかもしれないが、権力／知／主体というトリアーデは、その構成要素のうち、どれが根本的なのかを論じるものでも、いかなるものであれ、その起源について論じるものでもない。トリアーデを構成する複数の要素が常に同時に考慮されねばならないということは、いかなる決定論にも与しないということを意味する。

第三章　フーコーからラトゥールへ

導入　われわれの方法論の視野を歴史を越えて拡張する

イヴァは困惑し、かなりうつ状態だった。うつ病とまではいかなくてもかなりふさぎ込んでおり、彼女は自分の困惑と必死に格闘していたのだ。彼女は、この二年間のほとんどを、フーコーの著作を読むこと、とりわけ、フーコーの影響を受けた人々の自己と魂に関する著作を深く理解することに費やしてきた。しかし、彼女が、フーコー読書会で、メンバーたちから認められる活躍をするには、友人のマルチナの多大な助力が欠かせなかった。

マルチナは言った。「いつまでもこんなにつらいわけじゃないよ。」でも、そういう彼女にしても自信なさげだった。

「きっと、ずっとこんな調子なんだわ。」イヴァは動揺のあまり友人の気遣いを無下にして言い返した。

「ちっとも分からない。読書会での討論にはちっともついていけないし、何も喋れない。ラトゥールって誰？　一体何者なの？　わたしは馬鹿だから、みんながワイン・メーカーの名前みたいな人についてなにやら喋っているってことしか分からない。」

「たしかにワイン・メーカーの一族の出らしいわ。そんな話を聞いたことがある。」こんなことを言ったどころでイヴァの慰めにはならないことはマルチナも分かっていた。それでも、多少の気休めにはなったようだ。

クスリとイヴァは微笑んだ。この三時間というものラトゥールのテクストを全く理解できないのが辛くて大騒ぎしていた自分のひどいありさまを思い出したのだ。彼女は、ふざけた調子で言った。「ワイン・メーカーの一族！この大発見のおかげで、彼を理解するのが容易になったわね。頑張りましょう。ねえ、気がかりな言葉のリストを作りましょうよ。」

彼女たちは同時に大声で言った。「科学！」

ここで、イヴァとマルチナはある重要な問題に直面している。フーコーに関わる問題、とりわけ方法論的な問題についての関心が、一体どうして科学について考察することに結びつくのだろうか。これがこの章で明らかにしたいことだ。イヴァやマルチナ、そしてあなたたちが理解できるように解説しよう。

フーコーからインスピレーションを受けた研究者たちにとっては、歴史的研究が重要であるとすでに述べた。もっとも、これはたんなる歴史研究ではない。フーコー流の問題中心のアプローチは、大半の歴史家が行う時代中心もしくは事件中心のアプローチとは異なる。フーコーは、この新しい研究法を作り出すうえで、知識の分析を行った。ここで重要なのは、フーコーが分析対象となる知識の範囲を拡張した点だ。

もちろん知識の分析には長い歴史がある。特に社会学では、知識社会学者たちが、法、美学、道徳、宗教、政治、等の知識について、人種、階級、ジェンダー、のような社会的、文化的要因と、どのように結びつき、それらの影響を受けているのかを明らかにしようと試みてきた。しかし、科学的知識は特殊なケースとされ、問題とはされてこなかった。しかし、ここ十年間のうちに、フーコーの影響を受けた一群の思想家たちは、フーコーの方法を用いて、科学的真理の編成にかんする研究に着手し始めた。こうした思想家たちについて説明する前に、イヴァやマルチナ、そしてあなたたちが理解しやすいよう、もう少し過去に遡って説明を始めよう。

まず強調したいのは、フーコーの新しいアプローチが、バシュラールやカンギレームの科学史研究を重要な拠り所の一つとしているということだ（とくに［Bachelard 1968; 1986=1998］、［Canguilhem 1989=1987; 1990=2006; 1994=2002］を参照）。つまり、フーコー自身は（彼らのようなやり方で）科学史を直接論じることはなかったものの、彼の方法とこれらの科学史家の研究法は密接につながっているのだ。フーコー同様、「サイエンス・スタディーズ」の最前線にいる人々（とくにラトゥール）は、科学的知識の問題に取り組むために、問題中心のアプローチを用いている。フーコー同様、彼らの第一の関心は、一定のまとまりをなす科学的知識が出現する諸条件を記述することにある。これらフーコーのアプローチとサイエンス・スタディーズのアプローチという二つの知識研究の「伝統」の結びつきは、ジョン・ローの『近代性を組織する』という最近の著作によって最も明確な形で示されている［Law 1994］。彼の分析の焦点は、「不安定であるのを常態とする」社会秩序の維持へと向けられている。ローは、唯物論的関係論に基づく問いをたてることによって、フーコーの言説概念を拡張している。唯物論的関係論は、社会秩序に関して社会的支持を獲得しえた説明の特徴を明らかにする。要するに、彼の関心は人間という行為主を超えて、知識社会学を拡張することにある。「人々の意思に任せていては、人間の行動と言葉はそれほど空間的広がりをもつことはない。……テクストやテクノロジーのような他の素材（materials）が必ず秩序づけにおいて重要な役割を果たす」。このようにして、フーコーの方法を科学分析へと拡張することが可能となる。

科学社会学の始まり

社会学者のなかには、科学の受容、科学を生じさせたり、方向づけたりする秩序が社会的な影響を被っているかもしれないと主張する人々が存在してきた。しかし、彼らは、科学の内容や形式については分析の対象外とし、社会を超えたものであると見なしてきた（ここでの説明は［Mulkay1979; Woolgar 1988］に依拠している）。こうしたわけで、一九世紀の社会学的思想家たちは、科学的知識が社会学的に研究可能な現象だとは考えなかった。デュルケム以降、科学社会学は可能となった。しかし、これは、どのようにして、そして、なぜ、科学が宗教の地位を奪うようになったのかについての社会学的研究であって、科学社会学そのものではなかった。この問題にかんするデュルケムの考えは次のものだ。「基本的な」カテゴリーの多く（たとえば時間や空間）についての人々の考え方には文化的なヴァリエーションが存在している。こうした考え方は、完全に恣意的なわけではなく、客観的な「現実」世界と関係を有している。宗教的思考は、小さな共同体から結果として生じるものだが、これは（社会の発展とともに）客観的な「現実」世界に関する真の知識を与えてくれる科学に取って代わられる。科学は、認識から、集合的で、文化的には偶発的な要素を取り除く。したがって、社会学は科学的知識を研究する必要はない、とデュルケムは考える。なぜなら、科学は、定義上、絶対的に、そして、客観的に、真だからだ（たとえば［Durkheim 1915=1975］を参照）。

マルクスは、科学を特殊な事例と見なす別のタイプの一九世紀の思想家だ。マルクスにとって、人間の行為は自然的段階を基礎として行われる。人間の行為はこの段階を変形する。この自然的段階への働きかけが進行するなかで、人類は、この自然的段階についての知識を獲得していく。そして、この知識は、支配的な社会集団の諸利害と経済的関心の結果として考案され、特殊な社会関係を支えるために使用されることになる。マルクスは、科学の発展は資本主義の発展と密接に結びついている、と述べていた。科学はブルジョアジーの技術的利害に役立つので、とりわけ一九世紀に、育成され、大きく発展を遂げたのだ。

「ブルジョワジーは……先行するいかなる世代よりも、とてつもなく巨大な力を生み出した。自然力の人間への服従、機械設備、化学の産業や農業への応用、蒸気船、電報。」[Marx & Engels 1965: 47=1951:45-46]

別のところで、マルクスは、資本主義が「自然諸科学の発展にとってもっとも重要な」直接的原因であると明確に述べている[Marx 1973: 409]。資本主義と同様に、科学は、迷信や宗教から人々を自由にするので、それ本来としては解放的な力であると、マルクスは考えていた。科学は、後になって、堕落させられ、搾取の目的に使用されることになる。こうした考えによって、科学は社会環境と密接に結びつけられ、科学の利用と発展とは社会組織の複合体を理解することによってのみ理解可能になる、とされる。しかし、科学の内容についてはまったく別の問題とされる。マルクスにとって、それはイデオロギーの世界（法、政治、美学、哲学、宗教、等々）からは明確に区別される。実際、マルクス主義者は、しばしば、マルクス主義を、「科学的」――すなわち、客観的で、偽りのない、事実に基づく――ものにしようと努力してきた（あなたがこのタイプのマルクス主義者に関心を持つならば、アルチュセールやブルデューのような著者の著作にあたるとよいだろう）。科学や科学者はイデオロギー的であるかもしれないが、科学的知識そのものの内容には疑いをはさむ余地はない。マルケイが言うように、マルクス主義者にとって、厳密な研究領域内において科学者が「主張する知識はイデオロギー的ではない」のだ［Mulkay 1979:10］。

こうして、科学とは、社会的要因の影響を被りやすいものの、科学的知識それ自体は特殊な事例、社会学が改めて説明すべきものは何もないので考察する権利を持たない事例であると見なされてきた。この傾向は実に二〇世紀まで続いた。たとえば、きわめて高名な知識社会学者であるカール・マンハイムは、自然界の現象は一定で、静的であると考えていた。彼の考えにしたがえば、私たちは、自然界に関する知識を徐々に増やし、知識を蓄積していくにつれて誤りを取り除き、その結果、より多くの真理を見つけることになる。こうした見方にたつならば、科学は直線的に進歩していくということになる。自然界の光景は文化世界の光景と鮮やかな対照をなしている。文化世界は、無時間的でも静的でもないので、同じ科学的方法によっては調査することができない。認識論的に見て、科学は特殊な事例であり、それゆえ、社会学の特殊な事例だ、とマンハイムは明言している［Mannheim 1936=1993 ; 1952=1973］。

こうした考え方は極めて大きな影響力を持っていた。ウィナー・スタークはその好例だ。科学的知識は他の領域の知識とは質的に異なるものだと彼は主張している。哲学、政治、等々においては、新たな意味が創造されなければならないが、科学においては、意味は発見されなければならないのだ。「天文学者は前もって存在するデータを理解しようと試みるだけだ。彼はまったくこのデータの支配を受けている……科学者は現実の客観的真理を課されるだけのことだ。これに対して、文化に関わる人間は、自分の信じる価値を表現する［Stark 1958: 167］（強調は原文）。

私たちの研究法の知的背景の概説を急ぐ前に、この初期の科学社会学の主張を要約しよう。

・自然界は、実在し、客観的である。観察者はその性質に影響を及ぼさない。科学は、この世界について正確な像を提供しようとする知識の領域である。

・自然界は一定の変化をするが、その根底には普遍的で、変わることのない面が存在している。私たちは、偏りがなく、とらわれのない観察によって、これらの面やこれらを表現する法則を、理解することができる。

・科学は現象を観察し、宇宙の諸法則を編成するための信頼できる技法を発展させてきたのだから、私たちがそれらの科学法則をまとめるにあたって、科学者が集めた経験的証拠は信頼できる。

・もっとも重要なのは、科学的知識の社会的起源はその内容については問題とならない、ということである。なぜなら、その内容は、自然、つまり物理的世界それ自体によって決定されるのであって、文化的ないし社会的要因によって決定される訳ではないのだから。

これまで述べたように、こうした信念の結果、社会学は、「どのように科学は生じたのか?」もしくは「科学は誰の利害に役立っているのか?」といった問いに答えることだけを行い、科学の実際の内容を扱うことはなかった。初期の科学社会学が真理よりも誤りに関する社会学であったのは、こうした制約の帰結の一つだ。これらの知識社会学者が述べているのは次のことだ。「おいおい、正当な知識であるために必要なことは、すでに知られているわけだから、わざわざこのことについて社会学的研究をしても無意味だろう。われわれは、研究を行うとき、そしてもちろん、研究していないときも、おなじみのよき知識に日々向かい合っている。必要なのは、人々が非科学的なこと、つまりは愚かなことを信じていたし、現在もなお信じているのはなぜかを説明する社会学だよ」。

ロバート・マートンの真に科学社会学の名に値すると言える名高い研究が、科学の内容よりも、科学や科学者の実践の規範的な側面を対象としたのもこうした考えの当然の帰結だ。マートン［Merton 1970］は、ウェーバー的な観点から「科学のエートス」について論じている。ピューリタニズムの発展はまったく偶然に科学の発展を推し進めた。その大きな理由は、有用性、合理性、経験主義、個人主義、禁欲主義といったピューリタニズムと科学の価値観が一致していたからだ。ピューリタンの知識人たち（おそらく時代錯誤的な言葉だ）は、現世の問題に専念し、合理的、方法論的、そして非人格的な研究に携わる傾向にあった。こうしたピューリタン道徳から科学的エートスが生じた。マートンは次のことを述べている。

「科学の慣習（mores）は方法論的な根拠を持っており、拘束力を持っている。それは、この慣習が手続きとして効率的であるからだけではなく、正しく、良いと信じられているからだ。この慣習は技術的規定であるとともに道徳的命令である。普遍主義、集団所有主義、公平無私、組織化された懐疑主義という四つの制度的な命令が現代科学のエートスを構成している。」［1973: 270］

ここでも、科学研究を行う社会学者が、自分たちの研究対象を規定する際に、上述の考え方に、深くとらわれているのがわかる。事実として、知識社会学者は、科学以外の知識の全領域で、知識がどのように生産されるのかを問題化する。その結果、たとえば、リベラリズム、カント主義、ケインズ主義は、科学的ではないと見なされるので、容易に論難される（マルクス主義の言葉では、これらの知識はイデオロギーの領域に属している）。科学的知識が網羅的に精査されるようになるには、ある大きな認識論的系譜との合流が必要だった。この合流の結果、本章と次章で見る、フーコーに着想を得たサイエンス・スタディーズの発展が可能となった。以下ではこの合流を詳細に説明する。ここで重要な探究者の役割をはたしたのは社会学者ではなく——これまで見たように彼らは臆病すぎるのだ——哲学者だった。

科学哲学の重要な探究

一九六〇年ごろまでは、科学哲学者も、当時の社会学者と同様に、科学的知識は人間理性の輝かしい勝利であると信じていた。カール・ポパーは、こうした考えの主導者だった。ポパーや彼の同時代人たち（たとえばカルナップ）は、とくに、次のことを信じていた。

・観察と理論は区別される。
・知識は蓄積される――科学は進歩し、より正確な理論を生み出す。
・科学は堅固な演繹的構造を持っている。
・科学の用語法は正確であるし、そうであるべきだ。
・科学は潜在的には統一的な企てである――すべての科学は同じ方法を持つべきだ。

ポパーの主要な問いとは「真の科学とは何か?」だ。たとえば、精神分析学は物理学と同じ仕方で科学であるのだろうか? ポパーはその答えを彼が反証主義(falsicationism)と名づけた次の方法のなかに見出した。すなわち、真の科学だけが自身を反証の危険にさらし、誤る危険を犯すのだ。知識探究の企てが科学となるためには、そのすべての主張について、誤りを指摘されることもありうる、ある共有された方法によってテストされなければならない。もし、ある主張が誤りを証明される可能性に開かれていなければ、その主張を含んでいる知識探究の企ては科学ではありえない(たとえば[Popper 1963=1980]を参照)。

一九六〇年代初めに、このような考えは、トマス・クーンの挑戦によって大きな挑戦を受けることになった。『科学革命の構造』という有名な書物のなかで、クーンは、ポパーが金科玉条としていた考えのすべてに異議を唱え、次のことを主張した[Kuhn 1970=1971]。科学における観察と理論の間の区別は、ポパーが主張していたほど明確ではない。つまり、科学的知識は蓄積されないのだ。科学は強固な演繹的構造を持ってはいない。科学的概念は非科学的概念と同様正確ではない。科学は方法論的統一性を有してはいない――実際、異なった諸科学は方法的に統一されてはいない。科学は普遍的であるよりも、むしろ、歴史的に特殊なものなのだ。

科学は循環的なものだとクーンは主張している。科学は、通常科学―危機―革命―新たな通常科学―危機―革命―新たな通常科学……という形で循環する。「通常科学」は、確立された一群の理論、もしくは、パラダイム（相互に関連する一群の理論を指して彼がつけた名）の内部で、「パズル解き」に取り組んでいる。そして、それぞれのパラダイムの内部で、新たな理論が構築される。各々のパラダイムはアノマリ、すなわち理論の伴う問題によって前進を妨げられることになる。パラダイム内部での科学者の研究は、理論がこのアノマリを超えられるよう、理論を修正することだ。言い換えれば、クーンにとって、科学とは、そのときにどのようなパラダイムが支配的であろうとも、そのパラダイムに基づく理論の観点から、パラダイムによって定められた何らかの対象を説明しようと試みるプロセスなのだ。科学はポパーが言うような、先入観を持たずに、検証（verification）と反証を行うものではない。

クーンの科学にかんする説明において、科学間の差異とは宗教間の差異のように大きなものだ。あるパラダイムの内部で研究を行う科学者には、別のパラダイムの中で研究を行っている別の科学者と対話を行い得る共通の言語に接近する方法さえない（クーンはこれをパラダイムの通約不可能性（incommensurability）と呼んでいる）。こうした考えにたてば、科学的知識は蓄積していく知識ではない。人類の利益のために、現実をより完全に描き出す科学という考えなどナンセンスだ。むしろ、どの科学的知識も、ある時間と場所の産物であって、ある時、ある場所では意味があるが、別の時、そして／もしくは、別の場所では、意味がないかもしれないし、あるいは、完全に忘れられているかもしれないのだ。計測されたものさえこうしたパラダイム・シフトのダイナミズムを免れてはいない。たとえば、一九世紀の化学者は正確な原子量を算定した（たとえば塩素の原子量は35.453）。しかし、一九二〇年代には、別の化学者が、別のパラダイムに基づいて、自然界に生じる元素は同位体の混合物であるとした。塩素は（地球上では）三五もしくは三七の原子量を持つ同位体として現れるのであって、塩素に地球上での特殊な原子量を与えるのは同位体の比率なのだ。このように考えるならば、地球上での正確な原子量を見つけ出すことはそれほど重要ではなくなる。かくして、もはや誰も原子量を測定するのに頭を悩ませることはない［Hacking 1990=1999］。

「こんな予備知識って本当に役に立つの？」イヴァは悲しそうに尋ねた。

「そのうち少しは役に立つんじゃないかな。」曖昧にマチルナは答えた。

「あなたが去年やったジムでのダイエット・トレーニングみたいに？」クスリと笑ってから、また真面目になってイヴァが言う。「時々フーコーの名前を見ないと、自分たちがちゃんとやれてるのか不安になるわね。ところで一体いつラトゥールは出てくるの？」

フーコーとクーンは互いの研究を知らなかったが、非常によく似た立場にたっている。すでに述べたように、この章の核心をなす、サイエンス・スタディーズの近年の展開にとってフーコーは決定的に重要だが、科学的本質主義に異議をはさむことによって、このアプローチに着手したのはクーンだった。もっとも、「科学的本質主義」などと言うと、あなたたちは動揺するかもしれない。たとえイヴァやマルチナのように、フーコーに親しんでいたとしても。

「この科学的本質主義って何なの？　まるで、変な病気の名前みたいね。」ちょっとふざけてマルチナが言った。

「さあ今晩はもう少し頑張りましょう。この本は、この摩訶不思議なラトゥールさんのことを知るのに役立ちそうよ。」断固とした態度でイヴァが言った（こうした態度は優れた学生の大変重要な長所だ）。「いいわよ。フーコー読書会に出てくる連中が皆口をそろえて『科学、科学、科学』とあのいまいましい口調で言う理由が少しでも分かるようになるならね。」

科学的本質論と表象の問題

科学的本質主義を論じるにあたって、スティーヴ・ウルガーは、次のことに主眼を置くよう提案している［Woolgar 1988］。

・区別の目安となるものを明確に規定することが不可能であるにもかかわらず、科学とは特殊な何ものかであり、他の文化的、社会的活動形態とは区別される、という考え。
・自然界の諸対象は、実在的であり、かつあらかじめ独立して存在しているので、科学的知識の社会的起源と科学の内容は無関係である、という科学についての通俗的な考え方。
・これらの「実在的―世界」の諸対象を発見する「偉大な科学者たち」という観念

このように科学的本質主義は科学の内容がより綿密な研究の対象とされることを妨げている。それゆえ、フーコーの影響を受けた人々たちは科学本質主義に異議を唱える。表象という概念へのフーコー流のアプローチを理解すれば、この問題を克服する助けとなるだろう。

ここで心に留めておいて欲しいのは、私たちが知っている全てのことは、表象を通じて知られているということだ。表象という媒介がなければ、ある事実が存在していることを論証するのは不可能となる。たとえば、電気のような現象について考えてみよう。電気に直接接することはない（たとえプラグに接続されたとしても）。その効果や表象を通してその存在について私たちは知っているのだ。

科学的本質主義によれば、直接観察することによって、表象の問題を回避することができる。しかし、この主張は観察の実践における表象の役割を見逃している。観察ですら、表象を伴うのであって、自然界の現象に直接接近するのではない。たとえば視覚についての現代のある理論によれば、フォトンは物体から移動し、網膜に達する。私たちはそれから、この情報を表象に変えるためのすべての作業を行わなければならないのだ。

言い換えれば、「見ること」によって、真理や事実に直接接近するわけではない。「なぜガリレオは、望遠鏡を使ってコペルニクスが見たものを、彼の望遠鏡によっては見ることができなかったのか？」といった問題に今やきちんと答えることができる。望遠鏡のおかげで、理論上は、ガリレオも、望遠鏡を通してコペルニクスが見たのと同じくらい多く（あるいは少なく）を見ることが可能であったはずだ。しかし、適切な答を得るには、表象、すなわち、対象を表象へと変えるためにガリレオとコペルニクスとが対象に働きかけたやり方の相違に焦点を合わせなければならない。クーンの影響を受けた人々であれば次のように答えるだろう。ガリレオとコペルニクスが研究を行う上で依拠した相異なるパラダイムが、決定的な効果を、表象が生じさせるものに及ぼしたのだ。この問題にかんするフーコーの影響を受けた人々の答えも、使用する語彙は異なるものの、さほど変わらないものとなる。この問題についてもう少し考えるために、『言葉と物』の始めの部分を見ることとしよう［Foucault 1970=1974］。フーコーはここで異なったエピステーメに属するものにとって世界がどれだけ大きく異なって見えるかを論じている（エピステーメとはある時と空間に特有な世界を理解するやり方のようなもの、世界を意味のあるものとしうるワンセットの理解のようなものだ）。

表象に話を戻そうウルガー［Woolgar 1989］は次の主張を行った。科学者は表象の問題（すなわち、彼らの知識は媒介されたものであり、それゆえ、損なわれたものだと非難されるかもしれないという問題）を避けられない時、様々なやり方で、こうした難局を切り抜けようとする。

- 科学者は知識の信頼性の階層構造に訴えることができる（たとえば、電圧計は電圧を正確に反映するが、同じやり方で、精神分析学にとっての夢は意味を示すことができないと物理学者は主張する）。ウルガーにとって（そして私たちにとっても）、相対的な信頼性に関するこうした考え方は、自分たちは対応づけることに優れていると自然科学が主張したことの結果として生じたのであって、その原因であるのではないと、理解される。すなわち、ここで物理学者は、自分たちの学問の優越性という信念に基づいて、自分たちの測定の道具が優れていることを（そして、世界の本質に自分たちが迫っていることを）を主張しているに過ぎない。表象と本質の関係の問題は現存している。
- 科学者はこの問題が限定的な問題に過ぎないと主張できる（たとえば、世界の真理を捉えるためにはより性能の高い道具を作りさえすればよい）。
- 科学者は、この問題は存在しないか、存在したとしても、誰か他の人の問題であると主張できる。

私たちにとって、表象の不可避性に対処する最善のやりかたは、表象の役割についての自覚を、科学的発見のプロセスについての新しい説明の中に組み込むことだ。このとき、まず、「発見」に含まれていることを明確にしなければならない。コロンブスと彼によるアメリカの発見という有名な「発見」について考えてみよう（詳細は［Brannigan1981］を参照）。

コロンブスは、インドの西海岸だと彼が考えていた場所へ行く準備に二〇年費やした。というのも、資金を募るのに悪戦苦闘したからだ。ポルトガルとスペインの王族はしばしば資金提供を拒否した。彼の航海に資金を提供しなければ軍事的優位を失うことになるだろうと脅されてようやく、スペインの王族は協力的になった。彼とその仲間たちは、自分たちが発見することになるはずのものについて極めて明確な想定を行っていた。彼らはどこに群島が存在しているのか知っていた。彼らは現地人に会うだろうと考えていた（それゆえ彼らは装身具、ビーズ、ボタン等を仕入れていたのだ）。そして、彼らは食料について、四千マイルの航海の準備を行なっていた。言い換えれば、間もなく発見されることになる対象の性格はすでに形成され始めていたのだ。表象が機能していたのだから。

その群島を発見すると、コロンブスの一団はこの発見を制度的に裏付けるべく画策する必要があった。帰航中、彼らは、この発見についてのメッセージを入れた瓶を海に投じた。この段階でコロンブスの主張は、インド西海岸の島々を発見したというものだった。故国に戻るとすぐに、コロンブスは、この知らせを伝える出版物を出すべく努力した。そしてついに、ヴァチカンはこの群島についてのスペインの主張を承認した。

この簡潔な事例からも、「発見」が一瞬のことであるというより、一つのプロセスであるのは明確だろう。「発見」は、計画、予想、支持の獲得、制度的な承認を伴う。見方を変えると、あなたたちの中のコロンブスたちが何かを発見するためには、あなたがその発見を承認してもらえるよう「権威」を持っていなければならないということだ（異なったケースでは異なった権威が必要なのは明らかだ）。コロンブスがアメリカを発見したと私たちが言うとき、私たちは特定の権威によって承認された特殊な物語を選んでいるのだ。

さらに言えば、このプロセスは、発見に関する最初の主張の前後に及ぶ時間的な広がりをもっている。コロンブスは自分が発見したと考えた島々を再び訪れた。その一〇年後、アメリゴ・ヴェスプッチは、群島はコロンブスが想定していたよりも広大であることを発見した、とコロンブスの考えに反対意見を述べた。当初、ヴェスプッチの主張は、地球は一様で既知のものであるというキリスト教の考えに反していたために抵抗を受けた。結局、ヴェスプッチの考えが優勢を得たが、コロンブスの業績は、一六世紀の歴史家たちによって、書き継がれていった。その結果、別の「発見者たち」もまた、シベリア、フェニキア、アイルランド、スカンジナビア、やその他多くの新大陸を発見したと主張していたにもかかわらず、コロンブスの発見だけが特権化された。これらの発見者たちの誰もコロンブスのように「発見」の物語を組織する資源や能力を手に入れることができなかったためだ。

その後、コロンブスの物語は、強化され、正当化されていった。現在、コロンビア大学、コロンビア・ピクチュア等のすべてが、コロンブスこそアメリカの発見者であることを強く印象付ける。コロンブスがアメリカを発見したとする歴史物語を覆すには、大衆に人気のある信念や権威づけられた歴史を覆さなければならないので、ほとんど不可能だろう。

しかし、特定の対象を誰が発見したのかについて検証することが重要なのでもない。私たちは、本当は誰か別の人がアメリカを発見したと主張しているのではない。重要なのは、発見されたものの性格の定義はこの長いプロセスの結果だということだ。ヴェスプッチとコロンブスは同じ対象を発見したのではなく、ある意味では根本的に異なるものを発見したのだ。対象が、それを発見しようとする人々の努力に先立って存在すると考えるべきではない。むしろ、発見者によって行われる定義のプロセスが対象自体を形成するのだ。

イヴァとマルチナは、サイエンス・スタディーズの重要性について以前よりもはっきりと理解できるようになったが、まだ心配もあった。

「ねえ、マルチナ。高校で科学について習ったこと憶えてる?」

「冗談言わないで。授業に出た記憶さえないもの。他にしなくちゃいけないことがあったしね……」

「そうよね。でも、科学の先生が観察と実験についてなにやら言っていた気がするんだけど。」

「そうね。これまでのことは理解できたけど、まだ観察と実験の問題が残ってるわ。」

難しい話もせざるをえないが、科学の技法の幾つかについて、以下では説明しよう。

観察と実験についてのフーコー的説明

通常、科学者は、観察、実験、そしてデータの分析を、実験室やその周辺で行う。実験室の中で科学者が扱う「自然」や「現実」は「完全に人工的ではないにしても、極めて高度に前もって構造化されている」のだ［Knorr-Cetina 1981: 3］。実験用のネズミは特殊な「清潔な」供給源から供給され、血液は、科学に奉仕する専門の会社から入手される、等々。実験室やその中にあるものが人間の製作物であることに注意すべきである。

ある実験によって新たな科学的真理が公式に「発見される」ためには、その実験は反復可能でなければ、すなわち他の科学者が同じ実験を行い、同じ結果を得ることができなければならない。しかし、反復実験は、まったく同じでもいけないし、違い過ぎてもいけない。もし、まったく同じならば、新たな知識をもたらすことはないからだ（あらゆる点で、それが行われたとき、また行う人さえも同じであるとき、文字通り同じ実験となる）。最初の実験の直後に、同じチームによって行われた同じ実験は最小限の差異しかもたらさないだろう。この実験はもっと差異が大きい別の実験に比べて確証の力を少ししか持っていない。ある実験器具によって得られた結果が、別のチームによって、まったく別の器具を使って得られたならば、器具がその結果をもたらしたのではない（すなわちこの結果は器具によって人為的に作られたのではない）ことが確証されるので、これらの実験に関与した科学者たちにとってはよい知らせとなる。

しかし、こうした実験は異なりすぎてもいけない。反復実験の差異が最大化すると、幾つかの極端なケースが生じうる。たとえば、山羊の内臓を調べていたあるジプシーによって裏付けされた理論物理学上の発見［Collins 1985］には確証の力はほとんどない。効力のある反復実験とは、元の実験との最小の差異と最大の差異の間にあるのだ。

しかし、事態はさらに込み入っている。より効力の大きい反復実験は、以前得られた結果を不当なものとすること（disconfirmation）があり得る。これは元の実験と同様だ（極端なケースでは、最初の実験を行った者が自分自身の「最初の所見」の解釈や修正を検討する）。言い換えれば、実験が異なっていればいるほど、その差異が、二番目の実験に、最初のものとは異なる結果をもたらしたと容易に主張できるようになる。変更が実験にとって適切であると見なされるには、社会的交渉がなされなければならない。ジプシーの事例が受け入れがたいのは明らかだが、そう言えるのは、容認できる実験の実践が何であるのか前もって決定されているからだ。

反復実験、実験、価値中立的な統計、等々は、科学が素人の目に自らの手の内を曝す試みであると言える。しかし、科学が継続することを可能にする、ある暗黙の知識と調査の対象とされない（認識されていない）実践とが存在していることを付け加えなければならない。混乱を生じさせる変数（異なった結果を生じさせると思われる実験の間の差異）を選択する際に、特定の変数は、混乱を生じさせないと見なされるだろう。たとえば、ある日、あなたがカリウムと水を混ぜて、翌日、反復実験を行う場合に、別の腕時計をしているという事実が混乱を生じさせるなどとは考えないだろう。もちろん、実験で化学反応の時間を測るために時計を使う場合、腕時計は変数となるかもしれない。問題なのは、変数とされるものが科学者の決定に左右されるということだ。こうした選択は、その科学の位置に応じて都合のいいようになされる、といえる。

「超常」科学の信用を失墜させようとする「通常」科学の試みについて検討すれば、このことはより明確になる[Collins and Pinch 1979]。この戦いのなかで、「通常科学」が頻繁に用いる戦術とは、超常的な発見が不正になされうる理論上の可能性ゆえに、これを信用できない、と主張することだ（実際に不正が行われたとは述べていないことに注意してほしい）。したがって、たとえば、ユリ・ゲラー（同様により真面目な超常現象科学者）をけなすためには、「超常的な」結果を得るためにどんな手品を使い得たのかが示されるのだ。当然のことながら、コリンズとピンチの反論は、この公準が普遍的に適用されるならば、科学者がいかさまを行うこともありうるので、いかなる科学的知識も生み出されえなくなってしまう、というものだ。ここでも、クーン流の考えが重要となる。すなわち、超常科学者は「科学者クラブ」（パラダイム）の外に居るので、別の（そしてあからさまに非科学的な）公準に従って、評価されるのだ。

コリンズ[Collins 1985]の研究から実際になされた実験をめぐる社会的交渉の事例を取りあげ、検討しよう。これは、重力波の存在にかんするジョセフ・ウェーバーの主張だ。私たちは「科学」を最小限に切り詰めるよう努めるだろう。重力波の放出は、光や他の放射物の不可視の等価物と考えられる。大半の科学者は、これまでの宇宙物理学の知識とアインシュタインの一般相対性理論に従って、運動している巨大な物体は重力波を生み出すが、この重力波だけではあまりにも弱いのでそれらを検出することは大変困難であるということに同意している。しかし、宇宙での激烈な出来事（超新星の爆発、ブラック・ホール、等）は重力の放射、重力波の束へと至り、これらは、万有引力定数——ある物体の他の物体への重力の引力に関わる定数——に影響を及ぼすので理論上は見つけることが可能である、ということにも一般に同意がなされている。

引力は、物体を互いに引き合う。地球の引力は私たちをその上にのせておくのに充分なものだ。私たち自身の互いを引き合う力（対人間の引力）も同様のものではあるが、（私たちにとっては幸運なことに）弱すぎるので私たちをくっつけておくことはできない。科学者はまさしく重力を測定することが可能だが、重力波の束を測定することは困難で、その測定は当てにならない。というのも、この束は、引く力のごくかすかな変動しか生じさせないからだ。

ウェーバーはこの効果を計測するためにある装置を設計した。巨大なアルミ製の棒が、その（内側の）部分間の引力の変化を計測するためにあつらえられた——この装置は、重力波の放出のパルスが通過する際にその原子構成要素内部で生じるかすかな動きを計測できる。なぜなら、重力波の放出は振動なので、その寸法が完全に正しければ、その棒は「響く」からだ。ウェーバーはこの振動から電圧を作り出す装置を取り付けた。この弱い電圧が増幅され、ペン・チャートに記録される。電気、磁力、熱、音波、振動の影響を受けないよう遮断する工夫がなされていた。しかし、棒の原子が絶えずランダムに振動しているので、ペン・チャートは常に複数の解釈を可能としてしまうのだ（これがランダム・サーマル・ノイズだ。周囲の気温が絶対零度以上のとき原子は振動している)。

したがって、重力波にあてはまる解釈を決めるのが問題となる。一般にはピークが標識となる。しかし、どれくらい高いピークが考慮されるべきなのかを決めなければならない。しかしどれほど高くレベルを設定しても、偽陽性と偽陰性を得てしまう。ウェーバーは毎日複数(およそ七つ)のピークを発見していると主張した。しかし、ピークが多すぎるという理由から彼の主張は疑わしいと見なされた。彼が主張していたように多量の重力波の放出があったとしても、宇宙に多量のエネルギーが存在することとなるので、それはすぐに燃え尽きてしまう。ウェーバーの発見は正しいように見えたが、誰も受け入れなかった。というのも理論と発見が密接に結びついていたためだ。宇宙物理学を書き換えることなしに彼の発見を受け入れることは不可能だったが、その準備がある者はいなかったのだ。

コリンズも述べているように、ここで私たちは、「実験者による結果から原因への遡及」の問題に直面している。

① 私たちは実験から正しい結果を得ているのだろうか?
② これは、重力波が見つけることのできる束となって地球に衝突しているかどうかに左右される。
③ このことを発見するためには、重力波探知機を作る必要がある。
④ 正確な結果を得るならば、私たちは性能の良い重力波探知機を作ったのかどうか知ることができる。

⑤　しかし私たちは正確な結果を得ているのだろうか？
⑥　ここで私たちは②に立ち戻ることとなり、この循環は永遠に続く。

この循環を断ち切る唯一の方法は、この実験について評価できる何か別の手段を見つけることだ、とコリンズは述べている。それは、実験結果からは独立した（すなわち非科学的な）評価基準を採用することだ。コリンズが指摘しているように、終わりのない遡及からの出口として採用される、科学的研究についてのこの「独立した」判断とは科学を信頼している人々をがっかりさせるものでしかない。実験の価値についての評価を可能にする科学的基準を考え出すのはほとんど不可能なのだ。したがって、科学者はしばしば他人の科学研究を評価するのにとりわけ次の非科学的な基準を用いている。

- 他の科学者の誠実性と能力への信頼
- 他の科学者の人格と知性
- 他の研究者の「実験室での評判」、他の科学者の産業界や学会での経歴
- 他の科学者の成功・失敗の前歴
- 他の科学者についての噂話
- 調査が行われた大学の規模や威信、等々

ウェーバーの事例では、科学者たちは重力波のそのような大きな束が存在するとは信じなかった。それゆえ、ウェーバーが誤っている理由としてさまざまなものが挙げられた（たとえばコンピューターのプログラミングに関わる問題）。次々と否定的な結果が数多く集められていったが、そればかりではなく、一群の実験者達が意図的にウェーバーの発見を「抹殺する」ことを企て、否定的な結果ばかりが論争にとって重要だと見なされた。ウェーバーの発見を斥けたこのような努力は、ある特殊な科学論争が議論を終わらせることができるやり方の一つだ（こうしてウェーバーの研究は無効にされた）。

この例においても、表象から対象への移動は直線的ではなく、行為主である人間による働きかけの結果としてのみ成し遂げられている。実験は、社会的交渉の結果成功したとみなされる。観察と実験は暗黙の知識に依存しており、したがって、決して価値中立的ではない。幾つかの場合では、実験の特殊な規則が必要とされることすらあるのだ。

「だいぶ分かってきたわ。」マルチナが嬉しそうに言った。

「有名なラトゥールの赤ワイン位鮮明にね。」イヴァが悪ノリして言い返した。それで二人は爆笑した。「こんな馬鹿げた言葉が面白いなんて疲れたせいでハイになってるのね。」イヴァが言い加えた。「もう休んで明日またやりましょ。そうすればきっと、フーコー学派のスーパースターになったこの摩訶不思議なワイン屋の御曹司をうまいこと捕まえる手はずが整うから。」二人はさらに笑い転げた。

ブラック・ボックスのなかのラトゥール

『科学が作られているとき』の中で、ラトゥールは、科学者を、政治的、科学的、経済的目標を追い求める企業家（entrepreneur）として鮮やかに描き出している［Latour1987=1999］。彼の考えにしたがえば、様々な領域で科学者が成功するために用いる方法の一つは「ブラック・ボックスに入れること」だ。この概念は、科学的対象の自明性を疑問視する際に、有益な概念であるので、憶えておく必要がある。「ブラック・ボックス」とは、サイバネティクスの用語だ。あるものがあまりにも複雑なので、説明したり、表象することができないとき、その複雑な仕組みに代えてブラック・ボックスが持ち出される。矢印は、ブラック・ボックスに入るものと、そこから出てくるものを指し示しているが、箱の実際の中味と働きは説明されはしない。

何かがブラック・ボックスの中に入れられたとき、それは議論の連鎖の中でそのように使用されているに過ぎない、とラトゥールは主張している。たとえばDNAの螺旋構造はブラック・ボックスだ。ある科学者たちは、それがどのように働くのかを計算してきた、しかし、それは閉じられ、少なくとも、ある程度までは、不変のものとなっている。他の科学者たちはDNAの螺旋構造を前提とし、それをブラック・ボックスとして扱っている。すなわち、彼らはそれを開くことなしに、それに対する関係を説明し、入る矢印と出る矢印を描いているのだ。このブラック・ボックスの概念を科学以外の日常の領域に広げることは容易だ。たとえば、私たちは、車を運転しているとき、一定数のブラック・ボックスに関わっている。おそらく、エンジンの正確な働きは分からない——誰か他の人にその仕事はゆだねられている。そして、おそらく、この技術システムへのインプットは、ガソリンを入れること、どのペダルを踏むか知ること、同様に幾つかの微調整を行うことのレベルに限定されている。多分、私たちが行っている運転は次のような単純なダイアグラムに描くことができる。

（基本的な運転・車のメインテナンスの知識）→「自動車に関するテクノロジー」→（AからBへの移動が可能）

この「社会―技術的なシステム」（社会的なものと技術的なものの混合物）において、私たちはインプット（運転できること、ハンドルを操作し、ギヤを変える、等）とアウトプット（速く、便利な旅行）にしか関心を持っていない。ブラック・ボックスとは、インプットとアウトプットの真中で私たちが頼りにしているものの、その中味を検討することはないものだ。

これで予備知識はすべて学び終え、ラトゥールのフーコー的な科学研究の方法についての紹介も終わったので、練習問題に取り組んでみよう。

練習問題3・1

日常生活でのブラック・ボックスの例を二つ取り上げ、その図表を描いてみよう。好きな例を挙げもよいし、次の例から選んでもよい。メディカル・サービス、コンピュータ、電話、といったものの使用。図表を描き終わったら、本章のこれまでの説明を踏まえて、あなたが選んだ事例がどのようにブラック・ボックスに入れられているのか詳しく説明して、レポートを書いてみよう。

さて、研究を行う際に科学者が何を行うのかにかんするラトゥールの説明に戻ろう。重要な、大きな成功を収めた科学的構築物は、ますます数を増していくブラック・ボックスをとり集めることによって、組み立てられている。先の自動車のテクノロジーについての例では、私たちは主要なブラック・ボックスを、互いに積み重ねられた一連の小さなブラック・ボックスへと分解した（内燃エンジン、エア・バック、ギア・ボックス、等々）。「中味が漏れている」ブラック・ボックスもあるかもしれない。すなわち、ブラック・ボックスは完全に吟味されずにいるわけではなく、非公式に変更され、改善されるのだ。とはいえ、ブラック・ボックスが密封されているかのように行為主が振舞うかぎり、この科学的構築物は存続する。

ブラック・ボックスに入れることとは、社会的世界を単純化する一つの方法だ。自動車に限ってみても、それは極めて複合的であり、諸技術（自動車、交通管理システム、スピード違反探知装置）、規則体系（交通規則集）、そして人間、が含まれている。このシステムの諸要素をブラック・ボックスに入れることで、このシステムの導入者や利用者は自分たちのやるべきことを行えるようになる。

ミシェル・キャロンとの共同研究によって、ラトゥールは、科学に関する自分の研究を、別の領域の研究にも適用可能なより包括的な方法論へと洗練している。それは、社会生活のなかの行為主にかかわっている。多くの社会科学の研究がマクロな行為主とミクロな行為主の間の区別を行っている（マクロとしての社会とミクロとしての個人との区別はその最たるものだ。しかし、この区別はこれほどまでは極端ではない諸形態でも表現されている）。

しかし、キャロンとラトゥールにとって、マクロとミクロは、おおよそ、同じ種類のものなのだ。大きな違いはマクロの行為主が数多くのブラック・ボックスの上に位置していることだ。マクロな行為主について語ることは、単純化の必然的なプロセスに携わることだ（すなわち、ブラック・ボックスに入れる作業を行うことだ）（［Callon and Latour 1981］を参照）。マクロな行為主は、数多くの単純化を伴う場合に、効果的に働きうるだけである。実際、ラトゥールとキャロンの目論みからすると、マクロな行為主とミクロな行為主のいまひとつの違いとは、マクロな行為主がはるかに単純なものだということだ。もっとも、この点では、キャロンとラトゥール、そしてフーコーも、社会分析のある種の単純化をある程度までは行っていると言わざるをえないのだが。

とはいえ、キャロンとラトゥールは、ミクロとマクロが異なった種類のものであると考える古い習慣を止めるよう主張する。一方、フーコーは、言表という同じ組織化の単位があらゆる種類の企て（大きな、小さな、成功した、失敗した、企て）にとって素材となることを示そうとしている。

キャロン［Callon 1986a］の論じている次の例は、以上の考えをより明確にする上で有効だ。ＥＤＦ（フランス電力 electricité de France）は、一九七〇年代に、電気自動車の開発計画に着手しようとしていた。その目標は、理想的な電気自動車を世に出すことだった。この革新の有用性を議会に働きかける際、EDFは、産業社会の進化をブラック・ボックスに入れていた。戦後の全面的な消費社会の倫理が抑制されなければ、人類の幸福と生活の質は失われることになるとの想定に基づいて、彼らは動いていた。このブラック・ボックスの結果、EDFによって、汚染の危険をもたらす内燃エンジンは、電動自動車に代えられなければならないとされた。つまり、未来の輸送のあり方を漠然とブラック・ボックスに入れたことによって、EDFは、特定の製品に重要な役割を割り当てる未来の年代記を作成したのだ。初期の電動自動車は一九八二年まで鉛製蓄電池を使用する。一九八二年から一九九〇年まで、亜鉛製空気循環器とともに、亜鉛・ニッケル製の蓄電池が使われることになる。一九九〇年からは、燃料電池が使われることになる。EDFは、製造業者、利害集団、政府、そして一般大衆が自らのものと見なしている、数多くの信念とシナリオをブラック・ボックスに入れようとした。彼らは、これらのシナリオを、自然（触媒作用、燃料電池の構成要素）、経済（自動車の費用、バス市場、等）、文化（都市生活、ホモ・オートモビリス、汚染への不安）といった様々な資源から構築している。

こうして、未来は彼らの考える通りに決定されているかのようだった。しかし、別の要因が幾つかのブラック・ボックスを破って、開いてしまった。ルノーという自動車製造会社は、EDFによって、わずかな役割——新たな自動車のシャッシの製造業者——しか与えられていなかった。ルノーは、このシナリオのなかでは、重要な製造業者からたんなる部品業者へと格下げされていたため、苦境にあった。数多くの人々が電気自動車こそ未来だと確信していたので、最初の数年間ルノーは守勢に回らねばならなかった。反撃するためには、幾つかのブラック・ボックスが開かれねばならなかった。そしてルノーは実際にそれを行ったのだ。

EDFは、熱機関を使用する自動車に乗りたがる者はもはやいないと主張していた。しかし、石油の値段が上がってもなお、自動車の需要は増加したのだ。ルノーは、熱機関を使用する自動車のニーズは石油の値段の上昇にもかかわらず、また汚染や渋滞を減らしたいという欲求とにもかかわらず、存続する、と主張しはじめた。ルノーは消費者の需要を違った形で「翻訳」しはじめ、消費者は、電気自動車が与えることのできない、速度、快適さ、加速を望んでいると主張した。このようにして、ルノーは、ごくわずかながら、EDFが構築した社会進化のブラック・ボックスをこじ開けたのだ。かくして、ルノーは勝利を手にした。EDFがどれだけ熱心に環境的経済的利益を説いても、牛乳配達用の小型トラックのようにしか見えない自動車を実際に運転したいと考える者はごくわずかしかいなかったからだ。そして、この成功によって、ルノーは別のブラック・ボックスも開き始めた。ルノーは、内燃エンジンはもはや行詰まっているという考えを表明し、その代わりに、進歩した電子工学を活用すれば、内燃エンジンはより完全なものとなることができ、この先数十年間にわたって、無敵のものとなる、と主張したのだ。

ルノーとEDFの戦いに関するこの物語の中で、一連のブラック・ボックスが構築され、壊された。しかし、科学においては、しばしばあまりにも多くのブラック・ボックスが存在しており、開くことが不可能な場合もある。あまりにも大きな努力が必要だからだ。ちなみに、キャロンの分析では、科学とテクノロジーを分けることが可能だ、とあらかじめ想定されてはいない。彼の分析は、科学＝テクノロジーに関する論争の展開や解決を理解できるようにしてくれる。

ここで先に取りあげた重力波の事例に戻ることとしよう。ウェーバーが作った装置は、重力波だけではなく、サーマルノイズをも拾いあげてしまう。反対者は、ウェーバーは確かに重力波を拾い集めているのかもしれないが、同様に別のものもそうしている――そしてそのために彼の研究を損なってしまっている――と主張することができた。ウェーバーは彼の装置をブラック・ボックスに入れ、異議を差し挟まれることのない重力波計測の手続きとすることができなかったのだ。

ラトゥール［Latour 1988］から別の例を取りあげよう。細菌学の初期、細菌は尿の中で培養されていた。細菌を見分けることは難しかった。しかも、細菌が本当に存在するのかについて論争がなされていた。後になって、乾燥培養法が発明され、その結果、白色の背景によって、着色された細菌の姿が見えるようになった。これによって細菌の存在をめぐる論争は取り除かれた（すなわちブラック・ボックスが形成された）。ラトゥールは、最上の実験室とは、最も多くのブラック・ボックスを持ち、最少の反対者しか存在しえない実験室だと主張している。そしてマクロな行為主とは自分の下にたくさんのブラック・ボックスを隠し持っている行為主に過ぎないのだ。

ラトゥールは科学を一種の戦争として理解している。この戦争の参加者のすべては、自分たちの味方を増やしていこうと、すなわち巻き込んで（enroll）いこうとしている。他の行為主を巻き込まなければ、自分自身、つまり空間の一点に限られてしまうので、巻き込み（enrollment）が不可欠となる。

EDFはルノーを巻き込み、電気自動車を作るという彼らのシナリオの中でルノーにある任務を与えようとしていた。巻き込みは諸利害を翻訳することで作用するとラトゥールは述べている。単刀直入に言えば、あなたは自分がやって欲しいことを他人がやりたいと思うよう説得しなければならない、ということだ。これを実践することはとても難しいので、担い手は様々な戦術を用いなければならない。ここでは二つの戦術を取りあげよう（[Latour 1987=1999]ではもっと多くが示されている）。

戦術1　目標を置き換える　解決策が説得力を持つようにするためには、しばしば問題を発明する必要がある。一九四〇年代初め、レオ・シラードは、核兵器を作るようペンタゴンを説得したが、興味を持たれなかった。新たな兵器システムを作るのは時間がかかりすぎるとペンタゴンの人々が主張したためだ。彼らは物理学者たちが現行の兵器システムを向上させることに時間を費やすよう望んでいた。シラードが行ったことは彼らの目標を変えることだった。彼は、もしドイツが最初に原爆を保有したら、どうするのかとペンタゴンの幹部たちに尋ねた。時代遅れの兵器で一体どう勝利できるのかと。政治家はそれでも勝利しなければならないが、この戦争はもはや彼らが勝とうとしていた戦争（従来の兵器による戦争）とは別物だ。それは、今や戦争遂行に欠かせなくなった物理学者たちによって考案される戦争なのだ。このように目標を取り替えることによって、シラードは、ペンタゴンの利害を翻訳した。

戦術2　新たな目標を発明する　シラードの行動は見事だった。しかし、シラードがペンタゴンを説得して行わせうることには限りがあった。ラトゥールが言う通り、戦争に負けるよう、あるいはクラシック・ダンスを支援するよう、説得することはできない。その範囲は、戦争の勝利という元々の目標に制限されているのだ。

これだけでは充分ではない場合もある。ジョージ・イーストマンは感光板の販売に携わったが、すぐに市場がごく限られたものでしかないことを知った。彼の感光板と感光用紙にはわずかな数の専門家と好事家しか関心を持たなかったからだ。その他の人々は写真をとることに関心がなかった。そこで、彼は新たな市場を作り出さなければならなかった。彼は、アマチュア写真家という考えを作り出すことでこれを行った。すなわち、誰でも写真をとりたいと望むことが可能であるし、そうであるべきだという考えだ。人々をこの構想へと巻き込むために、イーストマンはプロセスを簡単にしなければならなかった。「ボタンを押せば、後は私たちがやらせていただきます」と宣伝文句が言うように[Jenkins 1975; Latour 1987=1999]。

要するに、科学や技術の評判、受容、発展は、科学者が企業家として行う多面的な一連の実践に大きく左右されているのだ。彼は真理を構築するために、経済的、自然的、政治的、そして文化的主張をミックスする。ラトゥールやフーコーの観点にたつならば、知の構築とはブラック・ボックスに入れることとのような認識論的な戦略の結果だ。ただし、ラトゥールの考えでは知識を構築するだけでは決して充分ではない。他の行為主を自分の考え方に巻き込む必要もあるのだ。このための主要な方法は、諸利害の翻訳だ。科学にとって安定した状態とは、数多くのブラック・ボックスを伴い、異議を挟まれにくい形で諸利害の共有がなされている状態だ。一度諸利害の翻訳が挫折してしまうと、ブラック・ボックスは、反対者（ルノーやウェーバの敵対者のような）に攻撃されることになる。知識の強固な部分は繰り返しブラック・ボックスに入れられる必要があるのだ。

「あまりぱっとしない言葉使いね。」イヴァが茶化した。

「お望みなら、もっとアカデミックに聴こえる言葉に「翻訳」できるわよ。」マルチナは冗談を言い返す。「でもこんなに面白い資料をさえない言葉で台無しにするなんて嫌だわ。」二人は笑った。

「だって、そういう規則なのよ。」悪意ある笑いを浮かべてイヴァが結論づけた。

決定論に抵抗する

ラトゥールや彼の仲間によるこの新たな「サイエンス・スタディーズ」の魅力の一つは、事物、言葉、技術、観念、人間のいずれにも、理論的ないし方法論的な特権性を与えていないところにある。とくにすばらしいのは、技術決定論、しばしば科学研究を損なってしまうある種の科学技術崇拝、を避けている点だ。以下ではこの決定論の問題について論じよう。

技術が社会には抗うことのできない「影響力」を持っていると考えること、もしくは、技術が（政治的、経済的、もしくはその他の）諸利害の必然的な結果であると考えることは、容易い。これまで見てきたように、ラトゥールたちの考えでは、技術システムとは、社会的、文化的、政治的、政治的想定の複合体だ。このように考えるならば、技術と社会は互いに調整し合っていることになる。技術とは、社会の発展に影響を及ぼし、またそれによって影響を及ぼされる独立した既知の事物であると考えるのではなく、常に発展し続ける動的なシステムの一部であると考えよう。

実際、「技術」という言葉の定義について考察すれば、この相互的な関係性は明らかになる。ある対象は、一連の人間の活動の一部をなす場合にのみ、技術的なものとなりうるからだ。プログラムとプログラマーのないコンピュータは、金属とプラスチックの集まりでしかない。この対象は、人間の活動領域に浸透してはじめて技術的なものとなるのだ。マッケンジーとワジェクマン（[Mackenzie & Wajcman 1985］のイントロダクションを参照）が定義しているように、技術とは、物体、人間の活動、知識の混合物に他ならない（使用や修理のノウ・ハウがなければ技術的なものは役に立たないので知識も含まれる）。

技術決定論は、技術の社会への「影響力」を考えるありきたりのやり方だ。たとえば、リン・ホワイト［White 1962=1985］は、鐙の発明が封建制の発展を決定した、と主張している。鐙によって、人間と馬とを一体化し、馬に乗った兵士をより効果的な戦闘システムとすることが可能になったからだ。ホワイトは、こうした戦闘方法が有効なばかりではなく、非常に高価でもあったと主張している。鐙は人馬の高度な訓練、鐙の生産を要求した。そして、このエリートからなる軍事力を維持するために、社会は封建的な社会形態へと再組織された。

これは説得力のある説明のように見える。しかし、鐙が封建社会の到来を決定したと考えるのには問題がある。第一に、たとえある技術が利用可能であっても、それが現実に採用されるとは限らないからだ。どの技術を採用するのかを決定する際には、社会の性格が重要な役割を果たす。第二に、同じ技術が採用されたとしても、別の社会では異なった効果をもたらすかもしれないからだ。鐙はフランク族にあっては封建制を「生じさせた」が、ノルマン・コンクエスト以前のアングロ・サクソン族については同じ効果をもたらさなかった。

一八世紀にフランス、そしてその他のヨーロッパへと広がった兵器革命についても同様である。大砲を作る新たな製法が考案された。これらの大砲は、より効率的で、軽く、正確だった。このことは軍事行動を根本から変えた。なぜなら、半マイル離れた敵を殺すのに必要とされる様々な計算を行いうる合理的な砲撃手の必要性が高まったからだ。これは、当時まで、兵士が持つべきだとされていた力量やヒロイズムといった考えと容易には両立しなかった。結局、この古い支配的な考えは死に絶え(抵抗もあったが)、近代的な軍事行動は次第に個人の力量や勇気とは無縁になっていった。この例から分かるのは、社会的欲求と技術的発明とが常に互いを調整し合っているということだ。

技術は科学によって作り出されるという考えも、しばしば信奉されているが、同様の誤りを犯している。この考えは科学→技術→社会という因果モデルに基づいている。しかし、科学と技術の関係はこうした一方的なものではない。多くの技術は現存していた科学の恩恵をほとんどあるいはまったく受けることなしに発明された(たとえば、ジェニー紡績機、鋤、水車、蒸気エンジン)。加えて、技術の科学への影響は、科学の技術への影響と同じくらい大きなものだ。たとえば、コンピュータがなければ、現代の科学の多くはたちいかなくなってしまう。したがって、上述の科学→技術→社会の因果モデルに代えて、相互に調整し合う循環モデルを採るべきなのだ。このモデルでは、技術とは、「社会—技術システム」全体の再編へと向かうなかで使用可能であるし、現に使用されている一つの資源とみなされる。技術システムは常に構築され、再構築されているのだ。

教育分野での身近な事例について考えよう。利用可能な技術と教育の間には動的な関係が存在している。教育上の必要性から、一連の新たな技術が増加している(プロジェクター、その上映のための教室、パワーポイント、ヴィデオやオンラインの利用、等)。教師は、これらの技術をある程度は必要としているが、それだけではなく技術もまた教師たちが自分たちの教育方法を修正するよう強いるのだ。加えて、これらの新しい技術は別の新しい技術を生じさせもする。

大きな可能性があるようなのに、採用されないでいる技術もたくさん存在している。セルフ・クリーニングの家屋、セントラル・清掃システム、ベータ・ビデオ・システム、ガス冷蔵庫はその顕著な例だ。カウマン［Cowan 1985］の説明に依拠しながら、ガス冷蔵庫について詳しく検討しよう。二〇世紀の初めの数十年間、ガス冷蔵庫こそが、とりわけ家電市場においては、冷蔵の問題に完璧な解決策をもたらすだろうと考えられていた。多くの家庭にとって、ガスは電気よりも割安だったからだ。加えて次の利点もあった。ガス冷蔵庫には可動部分がなく、したがって修理も、メンテナンスも不要だった。それは理論上では永久に使えるのだ。しかも、静かだった(初期の電気冷蔵庫はとっても喧しかった。しかもこの問題は現在も完全には解決されていない)。

ではどうして性能の劣る電気冷蔵庫がガス冷蔵庫を打ち負かしたのだろうか。重要な要因の一つはジェネラル・エレクトリック社だ。最初の家庭用冷蔵庫を売り出したこの会社は、経済的な利害から電気冷蔵庫が成功するよう望んでいた。彼らの関心は、完全に電化された台所を作り出すことにあった。ジェネラル・エレクトリック社は（電力会社と協力して）積極的なキャンペーンを行った。それには、当時のハリウッドの大スターを起用した映画への投資も含まれていた。一九三五年に作られたこの映画は、完全に電化された台所でのロマンチック・コメディーだった。

しかし映画作りは戦略の一つにすぎなかった。ジェネラル・エレクトリック社は広告のためにさらに離れ業をやってのけた。海賊の宝箱の展示が有名なデパートで行われた。特別な日にこれらの箱が開くという宣伝がなされた。鍵は近隣から選ばれた人々に配られた。演出された騒ぎのなかで、箱が開かれると、その中には最新のジェネラル・エレクトリック社製の冷蔵庫があった。冷蔵庫の中では人形劇が行われていた。加えて、一九二八年にはその当時の有名人を乗せた潜水艦が冷蔵庫を北極に運んだ。これらの戦略によって、ジェネラル・エレクトリック社は消費者、他の製造業者、電力会社の諸利害を翻訳することに成功し、それによって資源が乏しく積極的な戦略もとらなかったガス冷蔵庫会社は敗北した。

この事例では、利用可能なさまざまな技術がその周囲の非技術的な要因と結びつきながら展開していた。ガス冷蔵庫は売れ行きを伸ばすことができなかったが、それは、積極的な販売戦略がなく、また販売を促進した会社がジェネラル・エレクトリック社に匹敵しうる資金力を持っていなかったからだ。加えて、電化された台所は近代的で、清潔な台所だという神話も強力だった。しかしながら、技術は新たな需要に応じてたえず形を変えるものでもある（たとえば、冷蔵庫は台所に置けるようよりコンパクトになり、かつより静かになった、等）。

別の要点は、技術を他の諸要因から独立させて研究することは誤りをもたらすが、一方で、私たちは選ばれた技術によって社会的文脈が構築される様式をも研究する必要があるということだ。特にキャロン［Callon 1986a; 1986b］は、社会的―技術的システムにおいて生じた翻訳が「通過必須点の地勢（a geography of obligatory points of passage）」と彼が呼ぶものを発明する、と主張している。例えば、現在冷蔵庫という技術を発展させたいと望む者は誰でも電気冷蔵庫を通過しなければならない――ガス冷蔵庫はもはや存在しないのだから。したがって、誰かがこの「通過必須点」を回避しうる道を見つけなければ（それはブラック・ボックスを再び開くことによってのみ実行される）、社会的地勢は変わらないのだ。

以上の考え方を用いて、自分で取り上げた事例を考察してみよう。

練習問題3・2

ガス冷蔵庫の事例についての私たちの説明をモデルとして、別の「失敗した」高品質の技術の衰退について簡単な説明を行ってみよう（五〇〇―一〇〇〇字）。他の事例としてはエイト・トラック・

カートリッジの音響システムやベーター・マックス・ビデオがあるが、あなたが詳しく知っているものがあれば別のものでもかまわない。社会的、経済的、科学的、技術的要素間が相互にどのように条件づけているかを主として論じなさい。

イヴァとマルチナは次のようなリストを書き上げた。

- 近年、フーコーの方法はますます多くの対象を扱うために使われている。
- これらの対象の中で注目に値するのは科学である。フーコー的方法は、新たな科学研究のアプローチに深く関わっている。
- フーコーの知識への関心は、標準的な社会学の関心とは大きく異なる。知識社会学は、伝統的に、科学を特殊な事例としてきた。そして、科学的真理の生産を、研究対象から除外してきた。フーコーの方法に刺激を受けて、一団の思想家、とりわけラトゥールとキャロンがこうしたアプローチを採用し、科学的真理の生産を研究対象から除外する代わりに、その生産様式に焦点を当て、そして科学の構築性に焦点を当てている。

この新しい科学研究のアプローチの射程と論点を理解するには、かなりの予備知識が必要である。

・かつて、科学的知識の形式と内容は社会学にとって立ち入り禁止区域と見なされていた。社会学は伝統的に科学的真理が客観的に真であると見なし、それを研究することには関心がなかった。

・こうした傾向は、とりわけ知識社会学という専門分野の発達を伴いながら、二〇世紀まで続いた。

・科学社会学の標準的なアプローチは、ごく大まかには、四つの命題に要約される。

（a）自然界は実在し、客観的である。観察者はその性質に影響を及ぼさない。

（b）自然界は一定の変化をするが、その根底には、普遍的で、不変の側面が存在する。

（c）科学は現象を観察し、宇宙の法則を編成するためのテクニックを発展させてきたので私たちがそれらの科学法則をまとめるのを助けるために、科学者が集めた経験的証拠は信頼できるものだ。

（d）もっとも重要なのは、科学的知識の社会的起源はその内容については問題とならない、ということである。なぜなら、その内容は、自然、つまり物理的世界それ自体によって決定されるのであって、文化的ないし社会的要因によって決定される訳ではないのだから。

・このように、科学社会学の中心にあるのは、科学の社会的文脈であり、その内容ではない。

・こうした考え方から抜け出すには大転換が必要だった。そして、それは社会学ではなく、哲学によってもたらされた。

・一九六〇年代にこの大転換が生じる以前、科学について考察していた哲学者たちは、以下の一連の基本命題に専ら関心を向けていた。観察と理論の間には区別が存在する。知識は蓄積される——科学は進歩しており、誤りを撲滅する。科学的用語法は正確であるし、そうであるべきだ。科学は潜在的には統一された企てである――すべての科学は同じ方法を持つべきだ。

・クーンの『科学革命の構造』は、この「大転換」をもたらした重要な著作だ。この本やそれに触発された研究は、まったく別の基本命題を作り出した。観察と理論の間には明確な区別は存在しない。科学は強固に演繹的な構造を持っていない。科学的概念は特別に正確なわけではない。科学は、方法論的な統一性を持ってはいない。実のところ、異なる科学は方法において統一されていない。科学は歴史的に特有のものである。クーンは科学を循環的なものと特徴づけた――通常科学は、新たな通常科学へと至る「革命」によって中断される、等。

・クーンとフーコーは同時期に活躍したが、互いを知らなかった。それにもかかわらず、以下のような科学的本質主義への彼らの異議は極めて似通っている。科学は特殊なもので、他の文化的、社会的活動形態からは区別されるという考え。科学についてのポピュラーな考え方にしたがえば、自然界の対象は実在と見なされ、科学的知識の社会的起源は科学の内容には当てはまらないと考えられるほどに、あらかじめ独立して存在していると見なされる。これらの「実在世界」の対象を発見する「偉大な科学者」という観念。

・表象概念、特に観察の実践における表象の役割の再検討は、科学的本質主義への批判と関わっている。

・知識の階層構造に訴えることによって、そして／もしくは問題は限定的な難問に過ぎないと主張することによって、そして／もしくは問題は誰か他の人の問題に過ぎないと主張することによって、科学者は表象の不可避性の問題を回避しようとする。

- フーコー的アプローチにとっては、この不可避性を回避しようとするよりも、この不可避性を、科学的発見のプロセスについての新たな理解に組み込んだ方がよい。
- 観察や実験のような科学の日常的な行いに目を向けることで、とくに反復可能性について、これらの行いが一定の人為に関連していると主張することができる。
- 以上のことから、科学が「曝す手の内」を見ることができる。しかし、科学がその背後にある暗黙の知識そして認識されない実践を隠しているのも見ることができる。超常科学の信用を失墜させようとする科学の検討する場合に、こうしたことはとりわけ明瞭となる（より詳細な例は、重力波を発見したというジョセフ・ウェーバーの主張についての扱いである）。

ウェーバーについての私たちの議論は、「実験者による遡及」の問題を明確にすることとなる。

- こうしたことを背景とすると「ブラック・ボックスに入れること」というラトゥールの概念は、より意義深いものとなる。「ブラック・ボックスに入れること」は諸要素を考慮外とすることに関わっている（たとえば、自動車を運転する際に、私たちは自動車のある要素しか知らない――ブラック・ボックスは私たちが頼りにしているが、その中味を検討することのないものである）。

・ブラック・ボックスに入れることは、とりわけ、社会世界の複合性を単純化することで、科学者が研究に取り組むのを助ける。
・キャロンとの共同研究の中で、ラトゥールは、マクロの行為主とミクロの行為主の間の区別を乗越えるために、こうした洞察を活用する。このように導き出されたラトゥールの論点は、フランスにおける電気自動車の発展の例によって例証される。電気自動車によって、EDF（electricité de France）は電動の乗物を導入しそこなった。
・この例において、EDFの大半のブラック・ボックスは、結局、特にルノーによって開かれたが、科学についても多くの場合、あまりにも多くのブラック・ボックスが存在することから開くことができない。ウェーバーによる重力波の「発見」は、パストゥールによる細菌の「発見」と同様に、ここでもまた好例である。
・これほど多くの蓋をブラック・ボックスの上に置き続けるうえで、科学は、二つの主要な戦術を用いる――目標を取り替えること、そして新たな目標を発明することである。フーコーの方法を用いるラトゥールのやり方の大きな利点は、技術的決定論を避けることにある。
・ラトゥールのアプローチは、どのようにして科学、技術、社会が相互に調整し合っているのかを示す。ガス冷蔵庫の発達はその好例である。
・この例から、キャロンの重要な論点を非常に明確に理解することができる――社会―技術的システ
・鐙や他の何らかの兵器の発展によって変化が引き起こされたという説明は、この種の決定論である。

ムにおいて生じる翻訳は「通過必須点の地勢」を産出する。新たな展開は、優勢なものとなったそれらの通過点を通じて進まなければならない（たとえば、現在、新たな冷蔵庫のテクノロジーは電気冷蔵庫を通じて発展しなければならない）。

「やったぁ！」サイエンス・スタディーズの主張の要点をまとめ終えてマルチナは叫んだ「この問題はなんとかやり終えたわ」。

イヴァも同意しなければならなかった「ほんとに。次の読書会の分はね……でも……」

「ねえ。その毎度おなじみの意味深な間は止めてくれない？」マルチナはふざけて真面目な顔をして言った。

「分かるでしょ。」イヴァは続けた。「確かに巧くやれたけど、満足するほどじゃない。このラトゥール・ワインが少しばかり好きになったけど、まだほんの一口飲んだ程度でしょ。もっと勉強しなくちゃ。でもどうにかこれでラトゥール・ランドに到着ね。もっと探検したいわ。」

ここで彼女たちとはお別れしよう。あなたたちが彼女達と同じ気分でいてくれるなら幸いだ。これであなたたちはラトゥールがフーコー的方法をどのように用いているのか基本的な知識を苦労して身に付けたことになる。次の章では、ラトゥールの主張の可能性についてさらに見ることとしよう。

第四章　モダニズムとポストモダニズムから離脱する

——ラトゥールのノンモダニスト的アプローチについて

「ラトゥールの奴が言う『私たちは決してモダンではなかった』っていうのは一体全体何だっていうんだよ!?」ディヴンは苛立っていた。彼は優秀な学生で、もうすぐ博士号も首尾よく取得しようとしていた。彼は全身全霊をかけて研究に打ち込んでいたので、自分がどうしても理解したいのにうまくいかないことがあるとこのようにイラついてしまうのだ。

一方、彼の友人のデーモットはといえばまったく別のタイプの学生だった。彼にはある種の頭脳のひらめきはあるのだが、まったく努力型の人間ではなかったので、研究の行き着く先も見えないまま博士課程を「終え」ようとしていた。彼の知的情熱はとても移り気だった。もっとも、ときたま彼がやる気を出しているときには、彼の議論を聞き彼のノート(とはいえ彼はノート以上のものは書かないのだが)を読む誰もが、彼は驚嘆すべき才能の持ち主であり、どれほど難解な議論もなんの苦もなく理解できてしまうのだと思わずにはいられなかった。またそだからこそ大学もなんとも気まぐれな彼の研究スタイルに寛大だったのだろう。彼はディヴンの苛立ちを見てもテレビから目を離さずにいた。

おそらくはいつものようにディヴンを苛立たせて意地悪く面白がっていたのだろう。

デーモットは何も言わずにディヴンに『私たちは決してモダンではなかった』をぞんざいに投げ渡してから「実に、いい本だよねぇ」と言った。ディヴンを挑発するにはそれで十分だった。

ディヴンは、ラトゥールについて耳にし、彼の議論を整理することに決めた。ディヴンは、彼の初期のエッセイを幾つか読み、これはとてもよいと考えた。とはいえ、ディヴンはいつもそうなのだが、その諸論文はディヴンの知的好奇心をますます刺戟することになった。そんなときにラトゥールが自らの議論の要点の多くを最近『私たちは決してモダンではなかった』のなかでまとめて論じているとある友人が教えてくれたので、早速彼はその本を購入したのだった。ところが、ほとんど理解できず、フラストレーションばかりを抱え込むことになった。彼はつい最近まで数ヶ月かけてフーコーの『知の考古学』に打ち込み、その結果「この著書はモダニズムへの批判書として読まれるべきだ」と判断した。ディヴンは厳格なモダニズムの立場に立っていたが、フーコーについては評価せざるを得ないと不承不承認めた。ところがラトゥールがモダニズムの立場をさらに掘り崩してしまうのだ！　それで昨日の午後彼は意気消沈して、デーモットに『私たちは決してモダンではなかった』を手渡したのだった。

デーモットは、ディヴンがラトゥールに取り組んでいることについては何度か耳にしていたが、ディヴンの考えの要諦がモダニズムの擁護にあることはちゃんと聞いてはいなかったので、どうしてディヴンがこんなにも困惑しているのか分からなかった。実を言えば話は聞いていたはずだがいつも聞き流してスポーツ雑誌などを読んでいたのだ。だから彼がどうしてラトゥールのごく基本的な議論なんぞにそんなにむきになっているのか不思議だった。それでいささか意地悪く「いい本だよねぇ」といってみたわけだった。

ディヴンはフラストレーションがたまるのを押さえながら、どうせ怠け者のデーモットのことだから拾いあげさえもしなかったのだろうと考え「どれくらい読んだ?」と尋ねた。大きな間違いだった。「全部だよ」いつもの口調でデーモットは答えた。そしてディヴンが部屋に入ってきてはじめて彼の顔を見たが、それはフットボールの試合が休憩時間になったからだった。

ディヴンの内なる悪魔がバイクに飛び乗り、彼の心のなかで暴走し始めた。そしてデーモットにその本の中には何が書いてあるのかと執拗に迫ったが、いざ彼が穏やかな口調で話し出すと、理解できずに怒って部屋を飛び出していった。だがデーモットはそのことに気づかなかった。というのも、本の説明も終わり、フットボールの休憩も終わったからだ。

ディヴンは正しくこの著書の重要性に気づいている。この著書はフーコー的方法を用いてラトゥールが行っている研究について多くの要点をまとめており、科学的知識にかんするラトゥールのアプローチへの格好の手引きとなる。とはいえ、ラトゥール自身も認めているように、奇妙奇天烈なおフランス流の語り口がことによると読者を戸惑わせるかもしれない。しかし、実を言えばこの本はとても読みやすいものだ。したがって、ディヴンのように苛立つ必要はない。この章の最初のセクションでは、デーモットのようにくつろいで寝そべりながらとまではいかないが、ディヴン同様あなたたちもくつろぎながら理解で切るようにこの本の要旨を分かりやすく解説しよう。その後で、『科学が作られているとき』でのラトゥールとキャロンの研究について詳しく説明を行うこととしよう。

『私たちは決してモダンではなかった』の要旨

モダニズム、アンチモダニズム、プレモダニズム、ポストモダニズムへの懐疑

この著書の中で、ラトゥールは大きな精力を傾けて、彼の主要な攻撃目標である、モダニズム、より正確に言えば（モダニストによって）モダンであることの権利要求のために用いられている（モダニズムの）「符丁」をいくつもの角度から繰り返し定義している。彼は目敏いやり方で、モダニズムに関するモダニストの説明は以下のものだと述べている。すなわち、フランス大革命の歴史は、それが「革命的な」語彙のなかで革命であり続けた限りにのみ、「革命」の産物であったと理解できるのである。そして、同様にモダニズムは、モダニストによって作り出された語彙のなかにおいて、モダンであったに過ぎないと［Latour 1993: 40］（＊以下本章で頁のみ示しているものはすべてラトゥールの『私たちは決してモダンではなかった（*We have never been modern*）』英語版への参照）。また彼は、自然的なもの、社会的なもの、言説的なものの間の境界は現実に存在しているように思われるが、実のところ、モダン

が区別し、設定した境界なのだと述べている。そしてさらに次のことを主張している。

『モダン』は、二組の全く異なった諸実践を示す。これらの実践は、それらが効力を維持する限りでは区別され続けるに違いないが、最近ではこの区別は混乱し始めている。第一の実践は『翻訳』によって、まったく新たな存在物の織物、自然と文化の混合物を作り出す。第二の実践は『純化』によって、二つの完全に区別される存在論的な領域（一方における人間存在の領域と他方における非人間的なるものの領域）を作り出す。」［10-11］

また、ラトゥールは時間性へのモダニストのアプローチという観点からもモダニズムの定義づけを行っている。「モダンの時間とは、一連の説明不可能な現出の連続である。この現出は（偉大な誰それの突然の発見からなる）諸科学や技術の歴史と平凡な歴史の間の区別に帰せられると見なされている」［70］。こうした考えに基づいていたために、「モダン」は誤って二つの異なる歴史を構築し、「偶発的なものと必然的なもの、歴史的なものと時間に影響されないもの」の間の区別を生み出してきた、と彼は主張している。こうした区別によって革命という考え方が支配的となる。これこそモダンが歴史を――革命として――概念化しうる唯一のやり方だ（ここで現在は、一連の根本的な切断、革命によって浮き彫りにされる）。「このとき自然と文化との間の非対称性は過去と未来との間の非対称性となる。過去とは事物と人間たちの混同である。そして未来とはもはやそれらを混同しないであろう何かである。」［71］。「進歩とデカダンスはモダンの時間意識にとって二つの重要な資源であり、これらは同じ起源を有している。これらの「体系的な凝集体」（進歩とデカダンス）が「時間は（不可逆的な仕方で）過ぎる」という印象を与える」［72］。そしてこの時間の経過、革命へと向かう時間は危機によって区分けされる。モダニストは「永続的な危機の中にあること、そして歴史を終えること」のなかから陰気くさい喜びを得るのだ［114］。

モダニズムはまた自らの混乱によって定義されている。たとえば、「モダンは過程と所産とを混同した。彼らは官僚制的合理化の所産は合理的な官僚制を前提としていると信じた。そして合理的な科学の所産は普遍的な科学者によるものであると信じた」［115-116］。別の例を挙げよう。これはモダニストの持つ原因への強迫観念にかんするものだ。この強迫観念のために名詞（としては問題のない言葉を）を形容詞や副詞として馬鹿げたやり方で濫用することが起こる。「科学」、「技術」、「組織」、「経済」等々のような名詞は問題のない名詞（原因を捏造せず、説明されるべき現実的な効果を指示している）だが、これらは（原因を捏造する）お粗末な形容詞や酷い副詞を作ることになる。ラトゥールによれば、科学者はこうしたやり方でのみそれらの語を用いるが、それというのも原因への強迫観念を持っている社会学者や認識論者たちによってこれらの言葉が語られてきたからだ（この問題については後で立ち返る）［116］。

モダニズムによる別の混乱は次のものだ。すなわち、モダニズムは、グローバルなものがローカルにのみ扱いうるということを認めずに、ローカルなものをグローバルなものへと無理に追いやろうとする。「（線路の比喩を用いれば）分岐線の敷設費用が支払われ続ける限りで、ローカルなものからグローバルなものへと、情況に左右されるものから普遍的なものへと、偶発的なものから必然的なものへと至る路線の敷設が続くのだ」［117］。これに対して普遍的なものにかんするモダニストの神話は次のことを主張する。すなわち科学は「つねにネットワークからとり残された裂け目を刷新し、全体化し、塞ぐ。それはこの裂け目を絶対的に普遍的なものである、統一された傷のない表面（すなわち絶対的な全体性）へと変えるためである」［118］と。この最後の混同はかなり執拗なものだ。近代人は「ローカルなものである人びと、観念、状況、およびグローバルなものである、組織、法、ルール、といったものが現実に存在すると考え、自然的なるものについてと同様に社会的なものについてもそう考えた」［120］。そして、全体的な革命を行うことによってこれらの全体性（にかんする問題）に対処しようとした試みがとりわけマルクス主義者というモダニストを生み出した、と彼は付け加えている［126］。

ラトゥールは彼が「モダンの憲法」（社会と自然を分離し、この分離を維持する）と呼ぶものについて詳しく論じている。これは（この分離の）三つの保証からなるが最初の二つは最後のものがなければ意味がない（というのもこれら二つの保証は相互に矛盾しているばかりではなく各々の内部においても――内在と超越について――矛盾しているから）とラトゥールは注意を促している。

① 「たとえ私たちが自然を構築するのだとしても、自然はあたかもわれわれがそれを構築しては

いないかのようである」。
②「私たちが社会を構築したのではないとしても、社会はあたかも私たちが構築しているかのようである」。
③「自然と社会とは絶対的に区別され続けなければならない。純化の働きは、絶対的に媒介(Mediation)の働きと区別され続けなければならない。」[88]

ラトゥールは以上のことに加えて、近代人は「すでに抹殺=抹消された神」のなかに第四の保証を有していると述べている。この神とは不在の形でそこに存在する神であり、近代人が自然と社会について考える際には、この神を表立って介在させるという不都合なしにその存在を信じることのできる(それゆえ内在と超越の矛盾の行きすぎを抑制できる)神だ。モダニズムをかくも力強いものとする一連のチェック・アンド・バランスの連鎖(近代人は、決して自然を作りだしたことはない。彼らは社会を作りだす。彼らは自然を作りだしたことはない。彼らは決して社会を作りだしたことはない。彼らはどちらも作りださなかった。神がすべてを作りだした。神は何も作り出さなかった。彼らがすべてを作り出した)の最後の鎖を与える際に、近代人たちはこのように便利な神、窮極的には自分自身の心のなかで信じなければならず、世俗的であると同時に信心深いことを可能にしてくれる神を自分たちに与えるために宗教改革に依拠した[33]。

ラトゥールはモダニズムの持つ途方もない批判力について極めて意識的だ。とはいえ、この力はいまや減退しつつある（さもなければ彼がこの著書を書き得なかったことを彼は自覚している）と述べ、批判的であるためのモダニズムの力はマルクス主義やその他が取る憤りの批判の数多くの形態の核心にあるとした上で、次のように要約している。

「自然法の超越的な確かさにしっかりと基づいているので、近代人は非合理な信念や不当な支配に対して批判を行い、その正体を明らかにし、非難し、憤りを表明することができる。人間が自らの運命を作ることの確かさにしっかりと基づいているので、近代人は、非合理な信念、イデオロギーのバイアス、行動や自由の限界を画定する不当な支配に対して批判し、その正体を明らかにし、非難し、憤りを表明することができる。」［36］

彼は近代の力強い速度に感銘を受けている。彼らは「すべての批判的な可能性を保持しているが、非常に素早く事例から事例へとこれらの可能性を転置してしまうので、決して尻尾を捕まれることがない……彼らは無敵であるし、そうあり続けてきたし、ほとんどそうあり続けてきたし、自分たちがそうであると信じてきたのだ」［39］

「やっぱり分からない。ちんぷんかんぷんだ！」ディヴンは一人部屋の中で叫んだ。彼はデーモットにどうにかして「すごいじゃないかディヴン！」と言わしめてやりたいという珍妙な動機から再びデーモットには内緒で『私たちは決してモダンではなかった』に取り組み、読み返していたのだった。ある日不意に「ラトゥールならもうとっくに理解したよ」と言ってやる日を夢見て。

ディヴンのような考え方をどうすればいいのだろうか？　難しい質問だ。彼のその小さな世界を突き進んでもらう他ないだろう。

モダニズムにかんするラトゥールの定義はすべて同じ方向に向けられている。すなわち、モダニズムが成就したのかどうかを私たちが問うべきであるという程度には、モダニズムは崩壊してしまったのだ（もちろん答えはノーだ）。モダンたちは「自らの成功の犠牲者」であると彼は言う。「近代の憲法は自らの重みのもとで崩壊し、それが実験＝試みの材料として（その存在を）黙認していた混合物（mixture）のなかに埋没してしまった。というのも近代の憲法は同時にそれらが社会の構造に及ぼしていた影響を（社会と自然の二分法を維持するために）隠蔽していたからだ」。［49］

彼は続けて次の主張を行っている。

「モダンたちは力尽きた。彼らの憲法は幾つかの反例、幾つかの例外を吸収することはできる……しかし、例外が急激に増殖してしまうとそれは無力となる」［50］。近代の時間性もまた崩壊した――「準―物（quasi - object: 主体と客体の混合物）の繁殖は近代の「憲法」とともにその時間性をも爆破してしまった」からだ。そしてモダンの哲学的な擁護者たちのよって立つ基盤も崩壊した。これらモダンの哲学者たちは、「かつては区別（ホッブズとボイル）であり、次に分離（カント主義）となり、次に矛盾（ヘーゲル）となり次に克服しがたい緊張（現象学）へと推移したものを、通訳不可能性（ハーバーマス）にまで引き上げた点ではプレ／ポストモダニスト」にとてもよく似ている［126］。

だが、アンチモダニズム、プレモダニズム、ポストモダニズムへの転回もまた不毛なものだ。一九八九年のベルリンの壁の崩壊がモダニズム（その支配とその解放的なポテンシャルの両者）に関心を持つ人々、アンチモダンやプレモダンの反動に関心を持つ人々、ポストモダンの懐疑主義に関心を持つ人々を、等しく活気付けたということをラトゥールは認識している［8-10］が、これらすべてを退ける。ラトゥールはアンチモダニズムについて「それは近代の憲法のもたらした結果と激烈な闘争を行うが、それを受け入れてしまってもいる……彼らの憤激の身振りとその方向だけがモダニズムと異なるのである。アンチモダンとポストモダンは自分たちの敵の「競技場」を受け入れてしまった」［47-48］と述べている。

ラトゥールによれば、アンチモダンは、西欧が社会的なものを合理的で冷血な怪物どもの棲家としてしまい、これらの怪物どもはあらゆる空間に充満し、他のプロセスにも同様に充満してしまった、と信じている。モダニストがこうした怪物たちの充満を苦悩は確かに多いとはいえ「栄光に満ちた」征服として祝福しているところで、アンチモダニストはこうした状況を「前代未聞の破局」と見なしている。しかしながら、肯定するのかそれとも否定するのかを度外視すれば、モダンとアンチモダンは同じ因襲的な考え方を共有しているのだ［123］。アンチモダニストによる「辺境」の擁護は、全体への拘泥を前提としている。あらゆる全体は局所から作られるという事実をそれは（モダニズムと同様に）無視している、と彼は指摘している。「近代の諸神話を探求してみるがよい。そうすれば、それらは決まって、精神や感情、主体、限界といった踏破し得ない障壁をもってモダニズムに逆襲することを主張するアンチモダンな人々のなかに見つかるだろう」。［124］

プレモダニズムについてみよう。ラトゥールは、モダニズムを位置づける助けとしてプレモダニズムを利用している。「聖的、人間的、自然的諸要素の混合物（mixture）に対して、諸概念を最大限に浸透させることによって、プレモダンはこれらの混合の拡張していく諸実践（モダンの実践の半面）を制限する。自然の秩序を修正することなしに社会を変えることの不可能性――そしてその逆も同様である――こそプレモダンが賢慮することを義務付けてきたことだ」［42］。彼はプレモダンがモダニズムにとって「他者」として役立つと主張している。「人間と非人間の間の内的な分割とは、それを通じてモダンが自身をプレモダンから切り離すところの二番目の――外的な――分割を規定する。「彼ら（プレモダン）」にとって、自然と社会、記号と事物は潜在的に共存する。しかし、「私たち（モダン）」にとっては決してそうであってはならない［99-100］」。

ポストモダニズムはラトゥールにとって攻撃目標となるものだ。ポストモダニズムは経験的な記述の任務を「科学的」（モダニスト的）だとして拒絶しているが、時間を継起的に生じる革命へと分割するモダニストの考えを受け入れ、またあらゆる「後（post）」という考えに反対する一方で、モダンの後に来るという「間抜けな」立場のなかに時間をとどめている［46-47］。ラトゥールによれば、ポストモダニストは「科学者が地球外生物だということを、重要なのは非物質的なものだということを、技術は非人間的だということを、政治とは純粋なシミュラクルだということを……実のところ信じ込んでしまっている……ポストモダニストはもはや彼らに後続する軍団が存在しないあらゆる前衛のどんづまりの中で右往左往しているにすぎない」[63]のだ。ポストモダニズムは（モダニズムが結果として至った皮肉な絶望的状況の）兆候に過ぎない、とラトゥールは強調する。

「ポストモダニズムは（モダニズムのどんづまりの）兆候であって、解決ではない。ポストモダンは近代的な枠組みを維持しているが、近代化論者がきちんと秩序付けられた群のなかへと一まとめにする諸要素を散乱させてみせるのだ。ポストモダンは……（モダンへの批判にもかかわらず）なおモダンの枠組みを保持し、新しさを継続しなければならない、という（モダンの）要求を信じ続けている点で誤っている。」[74]

ラトゥールは自分のノンモダニストのアプローチによって多くのポストモダニストをこうしたどんづまりから救出できると考えている。この論点についてはすぐ後で述べよう。

歓喜せるディヴンがデーモットの部屋に乱入し「ラトゥールがわかったんだ！　僕はわかったんだ！」といつになくしれっとした様子のデーモットに言った。「また読んでみたんだけど。以前君とした科学哲学の議論が理解できたんだよ。」

ディヴンは正解にたどり着いた。ラトゥールの議論の多くは社会の中で作用している科学に関する詳細な知識を提示するものだ（例えば、モダニストは所産と過程を混同し、合理的科学という所産は普遍主義的な科学者に依拠していると信じ込むまでになっている、といったように）。彼の議論は、読者が社会における合理的な科学の役割と普遍主義的な科学者の可能性を扱ってきた諸文献に読者が親しんでいることを前提としている。ラトゥールがこうした前提を行なっているのは、こうした文献——前章で取り扱った、科学史や科学哲学文献として緩やかにまとめられる（代表的なものは［Popper 1959; 1963=1980; Kuhn 1970; Lakatos & Musgrave 1970=1985; Feyerrabend 1975=1981］）——が、科学の専門家の読者よりもはるかに広範囲の読者にとって馴染みのものだからだ（したがって彼の議論を理解するにはある程度こうした文献に通じている必要があるのだ）。

デーモットは慈悲深い気持ちにはなれなかった。「部屋を出る前にTVのチャンネルを変えてくれないか？　君がその出血を治療したら次の話をしようじゃないか。」

ノンモダニストの方法論へ

分割

すでに見たように、ラトゥールは（モダンの前提とする）誤った分割から離脱しようとしている。彼の考えでは、モダニズムは、自然の事物に関する知識と権力を分ける「奇妙な」分割によって特徴付けられる。そしてラトゥールは彼や彼の「友人たち」のサイエンス・スタディーズを、科学を研究しながらこの分割を打破しようとする試みとして性格づけている。これらの新たなアプローチによる科学研究は科学的対象それ自体を研究するのではなく、これらの対象が自らもその一部をなす「社会」と併合する様式をより多く取り扱っている。またそれらはたんに偶発的な政策の研究を行うのではなく、むしろ、「諸共同体と諸対象」にかかわっている［4-5］。ラトゥールが克服しようとするその他の分割は、ローカルなものとグローバルなものの間の分割、自然、社会、言説的なものの間の分割、科学と政治の間の分割だ。ローカルとグローバルの分割についてはすでに触れたので改めて述べるまでもあるまい。以下では、残りの二つの分割について、多くのことを説明しよう。

科学と政治の間の分割について論じる際に、ラトゥールは一七世紀にホッブズとボイルの間で行われたエア・ポンプをめぐる有名な論争に言及している。シェイピンとシェイファーの分析を参照しながら、彼はホッブズとボイルがこの分割そのものを実際に発明したのだと主張している［16］。一見した限りではこの論争は論争ではないように見える。というのもボイルの政治的見解はホッブズと合致しているし、ホッブズの数学に基づく科学的方法へのコミットメントはボイルと合致しているからだ。しかし、私たちが科学と政治の間の区別を取り払い、これらを一まとめにするとき、両者の立場は大きく隔たることになる。ボイルのエア・ポンプを用いた実験は、結局のところ、一団の科学者による観察という今日もなお使用されている実験方法の発明に依拠している。ホッブズはといえば、より上位の権威（神や唯心論）に頼ることとなしに（彼の社会契約説によって）支配者の権威にコミットメントすることを通じて内戦（万人の万人に対する闘争）の悲惨な影響を克服しようと試み、この立場からボイルを攻撃している。というのも科学的な紳士たちによるボイルの証明は突如として（ホッブズが正当化した）主権者の権威からの新たな抜け道を作り出してしまうからだ。

ラトゥールは、科学と政治の間の分割を克服する重要な手がかりとして、シェイピンとシェイファーの著作に言及している。彼らの著作の意義は、実験室にかかわる複雑な難問に焦点を当てることで、前後関係（context）というものの重要性を否定することにある（ホッブズにとっては自然状態と社会秩序の前後関係が重要だった）。彼らは、ボイルが、ホッブズの要求するマクロレベルへの移行（万人の万人に対する闘争というミクロな状態＝自然状態から社会契約による政治社会・主権者への移行）を通じてではなく、より多くの実験をとり行うことによって、実験室で得られた証拠を用いてホッブズの誤りを証明する。そしてその結果として、証拠の明白さに基づく判断が「事物の明白さ」、実験室や実験にかかわる事柄の明白さを包摂するよう判断を拡張し、ホッブズに対してどのように応えているのかを示している。このことは（伝統的な意味での）普遍的なるものからの徹底的なシフトを意味しているとラトゥールは強調している［20-24］。

ただし、こうした立場についての説明を進めていくなかで、ラトゥールはシェイピンとシェイファーがなおあまりにもホッブズの近くにとどまっていると指摘する。というのも、彼らは、「諸利害」、「権力」、「政治」といった言葉を極めて素朴なやり方で使用しており、それをボイルの観点から脱構築することはないからだ。もしそうであれば、これらの言葉の近代的な使用法を発明したのが他ならぬホッブズ自身であるということを彼らは理解したはずだ［25-27］。以上のように、ラトゥールは、ホッブズとボイルとがモダンの世界を発明したことを明らかとしている。

「ホッブズとボイルはわれわれが今もなお考えなしに使い続けている二つの資源を規定するために喧嘩をしているのだ。非人間的なものにかんする表象は科学に属している。しかし、科学が政治に頼ることは許されていない。市民にかんする表象は政治に属している。しかし、政治は、科学と技術によって生産され、動員された非人間的なものといかなる関係を持つことも許されていないのだ。」［28］

社会学と人類学

自然と社会の分割を克服しようとする試みのなかで、ラトゥールは社会学が助けとなるよりも妨げとなるとみなしている。というのも、社会学は社会的なものが他から切り離された領域であるという考えを永続化することで、この分割を維持することに貢献してしまうからだ。社会学はものと社会の二分法を生産する。この二分法によって、社会は（覆いを剥ぎ隠されているものを顕にするという）弾劾のための二重の基礎となる——まず、ものについてすべてを決定するほど強固になること（社会決定論）によって、そして、ものによって完全に決定されるほど弱くなること（技術決定論など）によって、これは弾劾の特定の場の要求しだいで変わる。これは社会とその他のもの（たとえば社会／個人、社会／コミュニティ）というあらゆる二元論——強固なものであれ、柔らかなものであれ——の基礎となる。これらの二元論は「99パーセントの社会科学」にとってその不可欠なレパートリーを与えてくれる［53-54］。

この問題を乗り越える努力のなかで、ラトゥールと彼の仲間のサイエンス・スタディーズは、社会がものから作られていることを発見した。彼らのアプローチは社会諸科学の批判のレパートリーを二元論の価値が置かれている側に適用し、二元論を転覆させ、二元論に依拠しているこのレパートリーを一掃する。ラトゥールは、社会学が知識、信念、科学の間の区別なしでやっていける、それゆえにまた批判的である必要性なしにやっていけると確信している。彼の目的は、覆いをはがなければならない（すなわちつねに隠されていると想定される何かを明るみに出そうと努めよ）というモダンの命令からの抜け道を与え、「批判的社会学」の代わりに「批判の社会学」を提起するボルタンスキーとテヴノの研究と似ている［44］。なおついでながら述べておけば、ボルタンスキーとテヴィノの立場は、（覆いを剥ぐ）解釈のドキュメンタリー的方法は素人の行っている活動であるとするガーフィンケルの主張ととても近いものだ。

以上の主張の魅力は、人類学についてのラトゥールの洞察を検討するとより分かりやすくなるだろう。彼のアプローチは人類学に似ているが、それは人類学が自らのフィールドにあるとき、すなわち他文化に関する情報を集めている場合に限られる。人類学者は彼らが他の諸社会を研究している場合には問題がないのだが、自分たちの故郷である西洋の社会については同じことを行うことができない、とラトゥールは述べている。というのも、自然的なもの、社会的なもの、言説的なものの間の境界が人類学者にはあまりにもリアルだからであり、この点では彼らもまたモダニズムの中で罠に捕らわれているからだ［7］。ラトゥールは、シェイピンとシェイファーのボイルとホッブズに関する議論が「実践とネットワーク」を通じて理念の歴史と科学のコンテキストを初めて明らかにしたと賞賛している［20］。「故郷での」人類学、あるいはむしろ故郷に関する人類学は人間と非人間という誤った区別を行うとラトゥールは主張している。こうした誤りは「対称化」されることで、すなわち知識社会学や認識論の非対称性を放棄することで解消される。これらの非対称性は正しい科学と誤った科学の間の別の分割を助長し、誤った科学に対して正しい科学を検証する技法を適用することを許さず、たとえばイデオロギーといった概念装置を使って誤った科学を説明している[92]。こうした非対称性を回避するために社会学的研究は次のようなタイプのエスノロジストにしたがって欲しいとラトゥールは考えている。

「すべてのエスノロジストは、一つのエスノグラフィのなかで、作用している諸力を明確にすることができる。すなわち、人間、神、非人間の間での権力の配分。同意へと至る諸手続き。宗教と権力の間の結びつき。祖先。コスモロジー。財産権。動植物の分類学。エスノロジストは、知識、権力、諸実践をそれぞれ別個に扱った三冊の著作をわざわざ書きはしないものだ。」[14]

ラトゥールの「ノンモダニスト的」方法に従うならば、比較人類学はもはや自らの文化を傍らに追いやって諸文化を比較することをやめる。それは諸自然―諸文化を比較する[96]。それゆえ、それは「熱帯」を研究するやり方で「故郷」を研究する。ラトゥールが提示する対称性人類学は「同じ言葉を用いて真理と誤りを説明し……それは人間と非人間の産物を同時に研究し……最後に西洋人と他者を区別するものにかんするアプリオリな宣言をしないように慎む」[103]。

これまでの解説から、フーコーとラトゥールの問題中心のアプローチの結びつきについては一定の理解がえられたはずだ。ある問題について分析を行うには幾つかの境界を越える必要があると両者は主張している。さて、以下では研究課題とその諸境界について考えてみよう。

練習問題4・1

ここではあなたが現在進めているか、これから取り掛かろうとしている研究課題について検討していただきたい。この課題について、ラトゥールの対称人類学の方法を利用して研究プラン（約五〇〇字）を作成していただきたい。特に以下の点に注意して欲しい。

・人間（社会）と非人間（自然）について同時に分析すること。
・同じ言葉で真理と誤りを分析すること。
・あなたが考察している諸現象（たとえば社会）を特殊な事例として扱うことを拒絶すること。社会はもののネットワークに過ぎない。
・知識、信念、科学の間の区別を拒絶すること。
・価値判断を拒絶すること。
・「覆いを剥ぐ」のを拒絶すること。その代わりに細部の細心な記述に専念すること。

他の重要概念——社会研究の拡張のために

以下では、ラトゥールの、ハイブリッド化にかんする厄介な説明、ネットワークにかんする特殊なアプローチ、対称性という考えについて説明しよう。私たちの周囲で進行しているハイブリッド化に注意を向けるならば、「私たちは決してモダンではなかった」ということの可能性を提示することになると彼は述べている。ネットワークについての彼の説明はローカルとグローバルという誤った分割を克服しようとする彼の試みの一部をなしている。「グローバルなものとローカルなものという両極よりも、私たちがネットワークと呼ぶ媒介をなすアレンジメントの方がはるかに興味深い」[122]。対称性という原理に関して、彼はミシェル・セールの考えを引用している。「唯一の純然たる神話とは科学があらゆる神話を欠いているという考えだ」。こうした考えに基づいて、たとえば私たちはパストゥールの過ちを成功と同じ言葉で説明しなければならないとラトゥールは主張する。その非対称性のただなかで、科学研究がどのようにして誤りについての説明の道具——社会、信念、シンボル、無意識、狂気——を切り詰めてしまうのかを彼は明らかにする[93]。

様々なやり方で、ラトゥールはノンモダニストの公式を詳述している。たとえば、批判に基づく憤激の放棄は道徳性の放棄を意味しない、と彼は述べている。むしろそれは「憤激を許しはしないが……無数の情況とネットワークとを辿ることによって、活動的で、寛大な……未だ公式化されていない道徳性」を認識することを意味するのだ。

ノンモダニズムは「新たな時代へと入り」つつあるわけではない。「私たちはもはや（ポストモダニズムのように）前衛の前衛に執着するべきではない」。「私たちはもはやより利巧になることも、批判的になることも追求していない」。彼は要約して言う。

「この後ろ向きの態度は、覆いを取る代わりに提示し、減法する代わりに加法し、非難する代わりに親しく交友する……この態度をわたしはノンモダンとして特徴付ける。ノンモダンとは、近代の憲法とこの憲法が増殖するのを拒んだり許したりするハイブリッドの住民とを同時に考慮に入れるあらゆる人々である。」［47］

彼はさらに問い続ける。ノンモダンが提案するシフト――ものの世界から準―物の世界へのシフト、内在的／超越的世界から人間と非人間の集合体へのシフト――をどのように行うことができるのか？どのようにネットワークに接近することができるのか？「私たちはモダンの次元とノンモダンの次元とを追跡しなければならない」［77］。ノンモダンのアプローチが「あらゆる担い手に媒介的な役割を」回復させることを目的としているのを私たちは理解しなければならない［78］。

「ネットワークを……注意深く検討することによって、私たちが著しく同質的なもののなかに身を落ち着けてしまうようなことはない（ネットワークは異種混淆的なものだから）。むしろ私たちは形而上でも形而下でもない形而―間（intra-physics）の内部にとどまる……。私たちは内在論のなかにのみ陥ることはない、というのもネットワークは何ものにも埋没することはないのだから。ネットワーク自身が広がるために私たちは摩訶不思議なエーテルのようなものを必要とはしない。事物の本性、技術、科学、虚構の存在、大小の宗教、政治、司法権、経済、無意識といったものを同時に考慮に入れるよう義務付けるのはいったいどんな世界であるのか。もちろん、私たち自身の世界である。」［128-129］

おそらく、ノンモダニズムは「モダン的な批判の最良の資源を」利用できるのかもしれない。そのレパートリーには、「私たちが支配していない自然という外部の現実」、「社会を構造化する擬人化された諸力」、「意味作用と意味」、「存在」の四つがある。公式版の近代の憲法においてのみこれらの資源は両立不可能となる。しかし、実践においては、これら四つを切り離して語るのは困難だ。「本質から出来事へと移動するとき」、ネットワークに焦点を合わせるとき、これらの資源は両立不可能ではない。したがって、ノンモダンは、この四つの批判のレパートリーを「同じネットワークのなかで」一緒にすることが可能だ。「モダンが現実、言語、社会、そして存在を同時に望むのはまったく正しい。これらが永遠に矛盾していると信じている点だけが間違いなのだ。」［88-89］。

このようにノンモダニズムは、（モダンの枠組みを保持したまま）モダンの四つの批判のレパートリーを過剰に積み込んだために疲労困憊しているポストモダニズムから脱出することを可能としてくれる。

ラトゥールは、モダンの批判のレパートリーについて「あなた方はまだ十分ではないのだろうか？」という類の一連の質問を行う。これらの質問には社会学にかんする次の質問が含まれている。「あなたは社会的なものだけをめぐって構築された社会学に少し飽き飽きしているのではないか……なぜなら社会学者はものの内容も、なお社会を構築している言語界も扱えないのだから。」[90]

ノンモダニストの別の重要な公式の特徴は、人間的なものの扱いにかかわっている。

「いまやお分かりのように、人間なるものの反対側、すなわち事物の部分を人間なるものへと差し戻さなければ、人間なるものを理解することも、救出することもできない。認識論の領分へと（非人間として）遺棄されているものとの対比によってヒューマニズムが構築されている限り、人間なるものも非人間なるものも理解できはしない……準―物のや準―主体の歴史的継起……もうだいぶ以前から分かっているように、本質によって人間なるものを定義することはできない。人間なるものは非人間なるものの極と対立する構成的な極などではない。「人間たち」や「非人間たち」という表現は、他の次元を示すのにはもはや十分ではない時代遅れの代物でしかない。」[136-138]

ラトゥールは説明や証明の重要性を減じることなく、単純な因果説から私たちを遠ざけてくれる。実際、彼の再公式化によって、説明と証明を行う学問の力は強化されることになる。ラトゥールは因果関係という考えを拒絶する際に再びセールを引用している。「私たちは、ものの出現を記述したい、すなわち道具や美しい彫像の出現だけではなく事物一般の出現を」[82]。彼は述べている。

「セールは認識論にあらたな行為主、すなわち沈黙せる事物を組み込む……「原因」という単語は「もの」という単語の根源や起源を示す」[83]

そして彼はこれに続けて「訴訟をするのでなければ、私たちは申し立てるべき訴訟理由ももたないし、現象に原因を割り当てることもできない」[84]と主張する。

ラトゥールのノンモダニストのアプローチは「中心から端への」（批判的ではない）説明の生産を必要としている[78]。

「私たちは自分たちの説明を純粋な二つの形式……ものもしくは主体／社会に結び付ける必要はない。なぜならば、これらは……私たちの唯一の関心事である中心的な実践の部分的で純化された帰結だからである。確かに私たちの追求する説明は自然と社会を含むが、それは最終的な結果としてであって、始まりとしてではない。」[79]

ラトゥールは、ノンモダニズムが自然と社会という極に基づいて説明を行うことはないという論点を明確にするためにエア・ポンプの例に立ち戻る。そして、次の問いを通じてこの問題を探求する。

「王立協会の証人はどうやってエア・ポンプの漏出を説明するのだろうか。絶対的権力の問題が最終的に解決されようとしたまさにそのときに、イングランド王はどうやって重要な財産について話をし、私的徒党を再結成するよう人々をたち戻らせることに同意するのか。……これらの問題はもはや自然と社会の間では捉えられない。なぜならそれは自然が何であり社会が何であるのかを再定義することになるからである。」[80-81]

私たちはラトゥールがこの事例を通じてどのように証明の概念を再公式化したのかをすでに見た。ラトゥールにとって証明とは科学的努力に付随して、またそのすぐ後に行われるものではない。むしろ、証明を行う技術を独自に研究対象とする必要があるのだ。ノンモダニズムは、私たちがいかなる科学的探究についてもどの証明がふさわしいのかをあらかじめ知っていると想定するのをもはや許さない。私たちが自分自身で探求を進めるのであれ、先行研究に依拠するのであれ、私たちはそれぞれの探求のための証明の手続きを記述する学問を採用しなければならない。社会科学において、証明の技術を必然的にローカルなものとして認識するある伝統が存在することをここで指摘しておくことも有益だろう。相対主義の問題を扱うに際して、ラトゥールは二つのヴァリエーションについて論じている。

「絶対的な相対主義は、分離され、通約不可能で、階層秩序に序列化できない諸文化を想定する。……文化的相対主義の主張はもっとニュアンスに富んでいる。自然は活動を始めるが、それが存在するためには、いかなる科学的な作業も、いかなる社会も、いかなる構築も、いかなる動員も、いかなるネットワークも前提とはしない。それは認識論によって、再訪され、修正された自然である。」［104］

ラトゥールが人類学を批判するのはそれが「穏健な相対主義を」伝統的に認めている一方で「傲岸な普遍主義へと秘密裏に回帰するのを」許しているからだ。「私たち西洋人は自分自身を特殊な文化とみなしている……私たち西洋人は他の文化の中の一つではありえない。というのも私たちは自然をも動員するのだから、というわけだ」。私たちは科学を通じて自然を管理している。「このように相対主義の問題の只中に、私たちは科学の問題を発見する」。「文化の平等性にかんする相対主義者の議論は説得的ではない。というのも彼らは考察の対象を文化に限定してしまうからだ」とラトゥールは主張している。「解決がなされるのは文化の解体によってである。文化と自然の対のすべては、人間、神性、非人間を同時に構築する点で似ている」［106］。文化間の差異は相当大きい（sizeable）のかもしれない。

「だが、それらの差異はサイズの問題に過ぎない。それらは重要ではある（そして文化的相対主義の誤りはそれがこれらの差異を無視するところにある）。しかし、それらは過度なものではない（そして普遍主義の誤りはそれらを分水嶺として提示することである）……共同体のあるものは先祖を必要としており、星々を（星座として）固定化した、その一方でよりエキセントリックな共同体が遺伝子と準星を必要とするという事実は結合すべき共同体の規模によって説明される。ものの数が多くなればなるほどより多くの主体が必要となる。もしホッブズと彼の子孫たちを欲するのであれば、ボイルとその子孫たちもまた持ち出さなければならない。」[108]

ラトゥールの考えでは、絶対的な相対主義は「普遍主義的な考え方の友軍としてはせ参じることは拒みつつもそれを容認している。もし、いかなる共通の、唯一無二の、超越的計測道具も存在しないのであれば、すべての言語が翻訳不可能となる……すべての儀式が平等に尊重されるべきで、すべてのパラダイムは通約不可能である」ことになる。これは相対主義をきちんと受けとめるやりかたではないとラトゥールは主張している。というのも、相対主義は計測道具を発明するプロセスも通約可能性を真摯に発明するプロセスであるという事実を無視しているからだ。必要なのは「相対的な相対主義」（後で彼はこれを「関係主義」と呼んでいる）だと彼は言う。「相対的な相対主義はより控えめでより経験的だ。それはどのような道具と、どのような連鎖が非対称性や不平等、位階、差異……を生産

するのかを指摘する。何ものも単独では別のものへと還元されることも還元されないこともありえないのだから。」［113］

ノンモダンのアプローチはまた――すでに見たようにラトゥールがモダニズムの特徴として規定していた――時間性に関する混乱を克服しうる潜在的な力を持った手段を与えてくれる。「時間は一般的な枠組みではなく、実体間のつながりの一時的な帰結だ」［74］。このことに関わる例として、彼はドリルとハンマーを取りあげている。ドリルは三五年を経ており、ハンマーは数百年数千年経ている。私たちはみな「様々な時間から動作を合成する」。私たちはつねに様々な時間に属している諸要素を積極的に纏め上げている……この纏めあげこそ時間を作るのであって、時間が纏めあげを作るのではない」［76］。

何を救うべきか。

この著書の結末部分でラトゥールはノンモダニズムの一部をなすに値するモダニズム、プレモダニズム、ポストモダニズム、アンチモダニズムの諸要素を要約している。これらの要約には深い含蓄があるので詳細に引用する価値がある。

モダンについて

「彼らの大胆さ、彼らの研究、彼らの革新性、彼らの空騒ぎぶり、彼らの若々しい過剰さ、彼らの行動の規模の果てしのない増大、社会から独立した自立したものの創造、ものから解放された社会の自由——これらすべての特徴を私たちは維持したい。その一方で、モダンが自らについて抱いており、またあらゆる人々に普及させたいと望んでいる……幻想を私たちは維持することができない。すなわち、無神論、唯物論、唯心論、有神論、合理性、効果性、客観性、普遍性、批判性、他の共同体との根本的な異質性、歴史主義のおかげでのみ延命的に維持されている過去からの分離……常に自己との戦いのなかにある告発者、事物と記号、事実と価値の間の絶対的な二分法の囚人」［133］

プレモダンについて

「彼らにかんする最良のものを維持しよう。とりわけ次のものを。ネットワークや自然と社会の純粋な極の間で永続的に差異を認めることのできる能力、自然と社会の、そして事物と記号のハイブリッドの産みだすものについて考察することへの強迫的な関心……。他方で、私たちは次のものを維持しないだろう。彼らが共同体の規模に課す限界、領土による局在化、スケープゴート化のプロセス、エスノセントリズム、そして最後に、自然と社会の永続的な非分化」［133］

ポストモダンについて

「もちろん、彼らのアイロニー、彼らの絶望、彼らの意気消沈、彼らのニヒリズム、彼らの自己批判を保持することはできない。なぜなら彼らの良質のものはすべてモダニズム自身が決して実際には実行しつくすことができなかったモダニズムの考え方に依存しているからだ……しかしながら…ポストモダニズムの多くの洞察の正しさが立証される……脱構築主義者による自然化の拒絶を私たちは維持してよい……私たちはポストモダニストが表明する再帰性の愛好を維持してよい、ただしそれは私たちがモダニストの衣装を脱ぎ捨てる場合においてのみのことだ。モダンについての幻想をポストモダニストから切り離しなさい、そうすれば彼らの悪徳は美徳となる――ノンモダニストの美徳に！」[133]

アンチモダンについて

「遺憾ながらアンチモダンのなかに救出すべきものはない。防御の身構えをとりながら彼らはモダンが自身について述べていることを常に頑なに信じ、そのくせその反対の署名をそれぞれの宣言に貼り付けることを行うのだから。」

さて、ここまでの説明でノンモダンの諸原理のリストは作れただろうか？

練習問題4・2

「以下はラトゥールが変えなければならないと信じているモダニズム、プレモダニズム、アンチモダニズム、そしてポストモダニズムの考えのリストである。これまで述べてきた「私たちは決してモダンではなかった」の要約を見直して、リストのそれぞれの項目についてラトゥールが提案している代案を確認しなさい。それぞれの提案を一、二行で要約しなさい。」

・モダニズムは自然的なもの、社会的なもの、言説的なものの間に、また科学と政治の間に境界線を引く。
・モダニズムは人間と非人間の間で区別を行う。
・モダニズムは時間性に関してミスリーディングなアプローチを取る。
・これと関連して、モダニズムは偶発的なものと必然的なものの間で誤った区別を行う。
・同様の主題について、モダニズムは歴史を革命として概念化できるだけである。
・モダニズムは「永続的な危機のなかにあることに、そして歴史を終えようとすることに陰気な喜びを得ている」。
・モダニズムは産物とプロセスを混同している。
・モダニズムは原因という考えにとりつかれている。

・モダニズムはローカルなものをグローバルなものへと絶えず追いやろうとしている。
・プレモダニズムは自然の秩序を変えることなしには社会的な秩序を変えることはできないと考える。
・アンチモダニズムとポストモダニズムは自分たちの敵（モダニズム）の競技場を受け入れてしまっている。
・アンチモダニズムは、「西洋は……社会的なものを冷血で、合理的な怪物どもの住処としてしまった、そして怪物どもはあらゆる空間に満ち溢れ、他のプロセスについても同様である」と固く信じている。
・アンチモダニズムによる「周縁」の擁護は全体主義を前提としている。
・ポストモダニズムは経験的な記述という作業を「科学的」（モダニスト的）だとして拒絶している。しかし、彼らは時間を継起的に生じる革命へと分割するモダニストの考えを受け入れ、またあらゆる「後」という考えに反対しながらもモダニズムの後に来るという位置に自らをとどめている。
・ポストモダニズムは、いかなる後続部隊も存在しないあらゆる前衛の袋小路にとらわれているに過ぎない。
・ポストモダニズムは兆候であって、解決ではない。

「よし。『私たちは決してモダンではなかった』を読み通したぞ！」困難な作業を終えた満足感と疲労感から、誇らしげにデーヴンは言った。デーモットはといえばテレビの前に陣取ってお気に入りの恋愛ドラマを見ているところだった。彼はいつものことだが彼は自分の才知をひけらかしてやろうという気分になった。

「それじゃ、君もようやくもっと難しいラトゥールの議論にとりかかる準備ができたってわけだ。」顔も上げずに少し退屈そうな声で言った。

ディヴンは罵詈雑言を投げつけたい衝動をなんとか抑えていた。しかし、デーモットが挑発しようとしているのは分かっていた。ディヴンも機転を利かしたことを言い返してやろうと試みたが、「もっと難しい議論っていうのは何のことだ？」と言うのがやっとだった。

「まずは帆立貝と猟師辺りから取り組んでみるんだな」退屈そうにデーモットが言う。

ディヴンは、さらにラトゥールを読み進めようという決心を固めて、その場を立ち去った。

「デーモットの奴より先に進んでやるぞ」ディヴンはつぶやいた。

再帰性の問題

もし、あなたが「科学的知識は社会的に構築されている」と考えるならば、あなたは科学的知識の正しさや虚偽性を論証するためにこの考えを使用できると考えるだろう。ただしその場合には、「科学的知識は社会的に構築されている」というあなた自身の考えを検討する必要がある。こうした主張を行うことができるのは、あなたの考えが依拠している社会科学それ自体が社会的構築や交渉のプロセスにさらされていることをあなたが理解していないか、都合よく忘れているからだ。たとえば重力波の存在やそれ以外のものが専門家による交渉の問題であることを示す場合、この論争にかんする私たちの知識もまた同じ種類の交渉に曝されているのだ。私たちの説明にかんして判断を下せる堅固な足場など存在しない。したがって、私たちは自然に関する知識はあらゆる種類の問題化に曝されているが、社会科学の研究は特権化されているなどとは考えないよう用心深くなければならない（実のところこうした考えは、社会的な知識には不備があるが、物質的世界に関する知識には問題がないという「標準的な」科学観をひっくり返したものである）。ラトゥールの対称性の原理を尊重するのであれば、私たちはどちらの種類の知識も細心の注意を持って扱わなければならない（このようなあるいは同様の方法をとって、問題を提出することは再帰性にかかわることであるとしばしば言われる。簡単に言えば、「再帰性」とは批判的なパースペクティヴを自分自身の知識や主張に適用することを意味している）。

先に少し触れたが、フーコー／ラトゥール的な研究方法をとるならば、私たちは再帰性が相対主義とならないよう注意しなければならない。この点については、相対主義とその魅力について少し説明する必要がある。というのも、とりわけクーン以来、これまで述べてきた問題について相対主義の立場をとることが当たり前となっているからだ。要するに、相対主義の基本的な考え方とは、数多くの競合する知識の主張を判断するための基準は存在しないので、私たちはそうした企てをしないという美徳を持つべきだ、というものだ。

これは懐疑主義についての古代の主張の一変種だが、これは私たちが第一章で見たピュロン主義的な立場——フーコーの方法の重要な一部分をなしている——とはまったく別物だ。この種の相対主義はピュロン主義が激しく対立していたアカデメイア学派の懐疑主義と同類のものだ。ピュロン主義的懐疑主義は、私たちが何も知りえないという事実を含めて私たちは何も知りえないという考えに基づいているが、これに対してアカデメイア学派タイプの相対主義は私たちは何も知りえないという誤った確実性に基づいている。このような相対主義のあり方はいわば自滅的な円環を永遠に描き続けるのだ。

ピュロン主義的な形をとった相対主義は、「相対的な相対主義」というこの章の最初のところで用いたラトゥールの魅力的な言葉で表すことができる。ラトゥールとキャロン［1992］はこれについて詳細に説明を行っている。彼らは、極端な相対主義は結局のところ実在論の一形態となる、と主張している。すなわち、もしあなたが人間（社会）について保証している地位を事物（自然）についても保証しはじめるならば、あなたは結局のところ科学的議論のなかで「自然」を同等の行為主として見なさなければならなくなるだろう。このとき、あなたは、新しいサイエンス・スタディーズが全力をかけて掘り崩してきた特殊な権威を科学者の手に取り戻してしまう危険を冒すことになる。同様に、あなたは科学者が伝統的に事物に保証していた地位を事物に保証してしまう危険を冒すことになる。キャロンとラトゥールは、科学的な論議にかかわる実在の事物について主張するのを拒絶しながら同時に社会実在論者であることは伝統的な科学的権威が支持してきた自然と社会という同じ分割に固執することであると主張している。

ここで帆立貝と漁師にかんするキャロンの魅力的な議論を紹介するのがよいだろう。キャロンは、異なった性質（人間と自然という）をもつように思われる帆立貝と漁師という二つの集団をまったく同じやり方で行為主として分析するべきであると主張し、どちらか一方あるいはネットワークのなかの別のいかなる行為主にも優越性を与えないよう強く忠告している。これに対してコリンズとイヤーレイはこうした議論は帆立貝に対して多くを要求しすぎていると批判をしている。「いかなる研究も帆立貝の共謀を頼りとすることはできない。可能なのはせいぜい帆立貝の共謀についての人間中心的な説明を頼りとすることだ。」［1992:315］

言うまでもなく、コリンズとイヤーレイはここで重要なことを見逃している。帆立貝は科学の物語と何の関係もないという考えは、経験に照らしてみて窮屈な考えかただ。もし科学社会学者がたんなる社会実在論者であるならば、彼らは多くのことを見逃すこととなってしまう。そこから導かれる帰結もまた真だ。コリンズとイヤーレイの主張に従えば科学者は素朴な実在論者であるべきなのだが、科学者はたんなる素朴な実在論者ではありない。もしそうであるならば、彼らはいかなる事実も生産することはないだろう。彼らは真理に出くわすのをただ待っているだけとなるのだから。しかし、科学的発見とは、活動的な過程なのだ［1992:315］。

科学は価値自由な実体であり、それが後になって公的領域で使用されたり、誤用されたりすると考えるのが一般的だが、私たちはすでに、科学的事実がどのように行為主や自然によって活発に構築されているのかを見た。したがって、科学的事実と見なされているものが価値という言葉を用いて私たちが言い表しているものを含んでいることにはさほど驚きはないだろう。シュワルツとトンプソンは、科学的論争における様々な主唱者は科学的事実と見なされているものについて常に相異なる考えを持っており、交渉が常に生じる必要がある、と主張している。以下では彼らの著書から事例を取り上げてより詳細に見ることにしよう。

最近、ある多国籍企業が消臭と洗浄を同時に行うパラジクロベンゼンを使ったトイレ用の洗浄剤を売り出した。その結果、それはホットケーキのように売れた（実際に子供が食べてしまう事件さえあった）。しかし、突然ドイツの緑の党が非難をしたことで、状況は混乱に陥ることになった。緑の党はパラジクロベンゼンが有毒であり、生物分解できないので、下水道に流されるべきではないと主張した。その多国籍企業はこの主張の信頼性を疑わしいと考えていたが、結局はこの製品を回収した。その三ヵ月後、その企業は新しい製品を売り出した。

ここでの当初の問題は科学的事実と見なされるものについて競合する確実性が存在していたことだ。緑の党は、自然が常に変わることなく傷つきやすいものであると考えており、イノベーションを望む人々に自然を損ねない証拠を示すという責務を負わせた。その結果、パラジクロベンゼンの有害性や生物分解できないことへの疑いがほんのわずかでもある以上はそれは市場から取り除かれるべきだということになった。多国籍企業もまた環境を保護することには関心を持っているが、自然をより強靭なものと見なしている。この考えに従えば、標準的な有害性のテストをクリアーしていれば、新たな物質をエコシステム内にもたらすことは望ましいことであった。

別の常識的な考えによれば、科学政策は完全に利害によって決定される。この立場は、科学政策の担い手はどのように科学や技術を扱えばよいか教えてくれる利害をあらかじめ手にしていると主張する。このパースペクティヴの弱点は、誰もが前もって自分の望んでいるものがなんであるのか、そしてどのようにそれを得ればよいのか分かっていると想定していることだ。この想定は、諸利害と技術とが相互に互いを形成する可能性を否定している。トイレ用洗浄剤の事例に戻るならば、利害モデルでは、行為主が技術を扱い、それを変形するやり方を説明できないだろう。こうした扱いや変形の結果、技術は演じ手たちが望むものをより多く、それらが望まないものをより少なくもたらすようになる。

科学政策の論争のなかで、技術を支持する立場とそれに反対する立場の二つがあるというだけではない。私たちがより多く目にするのは、科学と技術を再編しようとする進行中の試みであり、これが今度は政策を再編する。この点についてさらに述べるならば、いかなる科学的、技術的論争においても、「立場」があらかじめ形成されていると想定することはできない。「立場」とは科学それ自体と同様に構築物なのだ。私たちは諸利害、とりわけ政治的な諸利害がアプリオリなものであり、それが科学技術の発展や政策の実行を決定していると想定することはできない。私たちはこうしたアプローチについてキャロンとラトゥールのアクター・ネットワーク理論のなかに重要な示唆を見つけることができる。すなわち、技術―科学的なネットワークの編成は行為主たちの諸利害やアイデンティティの構築を含んでいるということだ。

ここでの要点は、科学政策の編成の動的な性格だ。政策に直結するものとして諸利害を解読してはならないということだ。たとえば、「癌との闘い」は科学的な研究者の社会の外から起こり、当初は多くの科学者が反対していた。それにもかかわらずこの戦いを主導する圧力団体が諸権威を説得してこのプロジェクトのための基金を拠出させ、多くの科学者たちをこうした考えへと巻き込んだのだ。同様に、同性愛者の諸団体は科学者たちがエイズに関心を払うよう巻き込んだ。またアルツハイマー病研究においては、国立エイジング研究所は当初基礎研究を重視していたが、結局、医療サーヴィスの研究も研究項目に加えることになった。

これらの三つの例においては、トイレ洗浄剤の事例と同様に様々な主唱者が科学や技術との関係性を互いに変容させることに関与している。ようするに、ここで私たちが主張しているのは、行為主が互いに関係し、自分たちの行動を調整するようになるやり方を理解することの利点だ。

カリフォルニア州立大学での新たな博物館の資金の供給と建設についてのスターとグリズマーの説明を見ることとしよう。彼らの説明によれば、非常に様々な社会・界に由来する行為主が博物館を立ち上げ、経営するために共同した。多様な行為主とは、大学を名門校にしたいと考える大学経営者たち、カリフォルニアの動植物を収集し、保存したいと考える収集家たち、金を得るために皮や毛皮を得たい猟師たち、臨時雇いの労働者として働きたい農民たち、そして二人の個人的参加者——保存や教育に関心を持つアレキサンダーと環境を変えることが進化の背後にある推進力だという理論を証明したいと考えているグリンネル——だった。スターとグリズマーは彼らが「境界物（boundary object）」と名づけた媒介を通じて、様々な集団の間の協働が生じたと主張している。

「「境界物」は幾つかの交差する界に宿り、それらの各々の情報提供の要求を満たす。「境界物」は、それらを用いる幾つかの陣営の局所的なニーズや強制に適応するのに十分な可塑性を備えているが、様々な場を横切って共通のアイデンティティを維持するのに十分なだけの頑強さは有している。それらは異なった社会・界において異なった意味を持つが、それらの構造は一つ以上の界にとって、それらを認識可能にし、翻訳の手段とするだけの共通性を有してはいる。」［393］

「境界物」は異なった集団が相互作用をするのを可能とする。それは、博物館それ自体、カリフォルニア、猟師や収集家が書き入れるようグリンネルが作った申込用紙のようなものを含んでいる。異なった集団が出くわしたときにこれらの「境界物」は出現した。それらは一人の個人や一つの集団に設計されたものではなかった。各々の「境界物」は、様々な行為主にとって異なった意味を持っていた。しかし、徐々に姿を現していた「境界物」は、ゆっくりと行為主たちのネットワークを構築することを可能にした。このネットワークの内部では、ネットワーク化が進むのにしたがって、行為主の諸利害が微細に変容していった——人によっては諸利害が構築されたとさえ言えるかもしれない。

どのように科学は政策となるのだろう。政策の決定という観点において、「真の科学」や「真の知識」に特権的な役割が存在することはありえないと指摘しておくことが重要だ。これには様々な理由が存在しうる。たいていの場合、真の知識が何であるのかについては論争が存在する。トイレ洗浄剤の例では、パラジクロロベンゼンの効果についての論争があった。原子力や酸性雨に関する論争では、科学的知識は絶対的なものではありえず、常に異論の余地が存在した。このことに加えて、圧力団体は科学者と同じ土俵で競争するために関連する科学知識について知的武装をするというよく知られた現象が存在する（たとえば、癌との闘いの主唱者たちは彼ら自身の専門知識に基づいて癌の専門家と対決した）。これらのことから、「真の科学」が政策を命じるということがありえないのは明らかだろう。したがって、私たちは科学的、あるいは技術的決定論をどのように政策が出現するのかにかんする説明から締め出すことができる。

しかしながら、私たちはまた社会決定論をも締め出さなければならない。支配的な諸利害が勝利すると主張するだけでは十分ではない。その理由は、こうした主張が諸利害を静態的なものとして捉え、諸利害が科学や技術の編成のプロセスに入りこむことはないと見なしてしまうからだ。しかし、実のところ、これまで見てきた事例において、諸利害は行為主の形成中の動態的なネットワークの一部として形成される。これは行為主が諸利害を携えてネットワークにやってくることを否定するわけではなく、これらの諸利害が固定化しているという考えに疑問を投げかけているのだ。

おそらく、科学と政策の間の関係を考察する最もよいやり方は、政策が現れることを可能とする結合と協働のためのメディアを考察することだ。そうする際に、私たちはキャロンとラトゥールのアクター・ネットワーク理論を用いることができ、また異なる行為主の間で翻訳が行われるのを可能とする「境界物」を検討することができる。

科学を社会のなかに置く

私たちは、科学的事実が真理としての権力や地位を得ようとするならば、どのように科学者や実験室を超えなければならないのかをすでに見た。それから、科学的知識が勝利を収めようとするならば、それはより公的な領域に入らなければならないのだ。私たちは公開実験について考察することでこうした考えを拡張することができる。コリンズ（1988）が指摘するように、公開実験──科学的真理の実演──とは逆説的な努力だ。近さはたいてい不確実性へと導くことになる。科学的真理の確実性へと導くのは距離なのだ。科学実験の近くにいるとき、人は、誤りやすさ、操作、スキル──ようするに実験にかかわる社会的交渉を見ることができる。公開実験のパラドックスとはそれが説得しようとしている人々を科学に近づけてしまうために、真理がそれほど明快ではないと理解するのを許してしまう危険を冒すことだ。できかけの科学からの距離があることは私たちが持つことを許されるあらゆる確実性の源泉なのだ。この点にかかわる別の逆説とは、一般大衆が、専門家でさえ同意していない諸問題の根本原理についての結論を形成することができると想定されていることだ。

公開実験や公衆の前での実演には長い歴史がある。シェイピン［1988］が指摘しているように、一七世紀半ばまでにはもう実験を試みることと実験を見世物として実演することの間には区別が存在するようになった。実験の試みの側面は私的な計画であって、これによって科学者は研究作業を進めようと試みる。これは厳密な意味での研究といったものに対応している。実演の側面は、公的領域で行われるもので、あなたがすでに実行し、成し遂げたことの人前での実演だ。シェイピンが言うように「実験に基づく知識の経歴は私的領域と公的領域の間を循環する」［1988: 375］。同様に、グッディング［1985］は、一九世紀のファラデーの研究における実験と実演の区別について論じている。ファラデーは王立研究所の地下で実験を行った。そして、実験が上手くいくと、彼は新たな成果を見せるためにこの実験を一階の講義室で行ってみせた。

これらの区別は今日もなお有効であるかもしれない。ただし、コリンズが指摘するように、今日では放送メディアのおかげで誰もがこの実演の聴衆となれるのだ。なぜ科学者たちは自分たちの発見を普及させようと試み、それらを誇示することに心を砕くのだろうか、とあなたは尋ねるかもしれない。すでに説明したように、発見は実験室の外で見られることによって力を得るからだ。一七世紀には、科学者たちは日常的にジェントルマンの家で実験を行っていた。これらのジェントルマンが彼らの社会的地位によって科学者の主張を保証するからだ。近代においても科学の公開はこの伝統を受け継いでいる。もちろん、その視聴者はより大衆化しているが。

コリンズが指摘したパラドックスに戻ることとしよう。これは次のやり方で乗り越えられる。まず、聴衆がじかに科学（実験の試み）を見ることはほとんどの場合に許されていない。彼らが目にするのは、編集済みの、巧みに準備された科学の実演だ。加えてたとえばテレビという媒体を通じて公衆に科学が見せられるとき、目にするのはプロデューサーによってうまい具合に編集された科学だ。あらゆるへまも、うんざりとするほど手間のかかる準備もなしに科学はお茶の間にやってくる。このとき、公衆は実際には科学を「間近に」見ることを許されてはいないのだ——確実性のために距離が確保されているわけだ。第二に、公衆は実際に結果について質問することを許されてはいない、あるいは少なくとも視聴者が有してはいない莫大な技術的知識を持っていなければ質問することが可能ではない、実演を見せられている。その実演が意味するところが何であるのかについての専門家の間の意見の相違は隠蔽されている。こうしたわけで、素人の一般視聴者は専門家よりも専門知識の確実性に信頼を置くこととなる。

重要なのは、公衆が実演のなかであらゆる論争から保護されていることだ。本当の実験ではその結果が意味することをめぐって論争が存在する。しかし実演においては、諸結果は前もって整理されているのだ。それは学校での実験に似ている。学校では実験のように見えるものの実際は前もって準備された実演を通じて科学が教えられている（このことはしばしば次のように言いつくろわれている。子供たちはたいていの場合実験について論議できるだけの技術的な知識を持っていないのだから仕方ないと）。コリンズは、科学の専門的事項に関するよりよい教育ではなく、試みとしての実験と実演の差異にかんするよりよい理解やどのように科学が作られるのかについてのよりよい理解こそ、公衆の科学に関する理解を助けるのだと主張している。

このことは、一九八〇年代以降科学についての報道が非常に増大していることから、熱い議論の対象となっている。大戦間期に生まれた科学ジャーナリズムはいまやこの種の実演が行われる場所となった。科学ジャーナリズムについて注意しなければならないのは、それが特定の科学のモデルを支持しているということだ。ネルキンが示しているように、科学ジャーナリズムは、情報を伝えようとする公衆の価値よりも科学の価値へのコミットメントをする傾向にある。その結果、彼らの報告は、注意深い方法によって産み出された、自然と現実についての首尾一貫した知識として知識を描きがちとなる。

科学が実験室で行われると考えるのは誤りだ。同様に、科学の大衆化が実験室の外で進行すると考えるのも誤りだ。ラトゥールがパストゥールの接種に関する研究について説明しているように、パストゥールは実験室での彼の発見を、炭疽菌、畜牛、家禽にかかわる現実の状況に翻訳しなければならなかった。すでに見たように、アクター・ネットワーク理論においては、科学的真理の生産はネットワーク——この中で、アイデンティティの全ての系列が安定化する——の構築に依存している。科学者たちが自分たちの発見を翻訳し、より広範な聴衆を自分たちの陣営にひきつけようと試みる一つのやり方は修正を加えた科学的環境、とりわけ科学の実演の使用だ。実演は純粋な研究を注意深く調節している。近代において、実演の役割は科学ジャーナリストやテレビドキュメンタリーの作者たちの手にも委ねられるようになった。しかし、科学に関する彼らの考え方はどのように科学が作られているのかを公衆が正しく認識することを困難にしている。

次の練習問題では科学が実践されるより広い文脈について考察してみよう。

練習問題4・3

あなたが行う科学的実験を発明しなさい。そして社会環境の中で作用している科学——それはもちろん科学政策や科学知識の情報に飢えているメディアを伴っている科学である——について説明を行うための土台としてこの実験を活用しなさい。以下ではこれまでの議論のなかで取り上げてきた行為主のリストを示す。これをあなたが取り上げるネットワークの事例に組み込むとよいだろう。もちろんあなたが自分で行為主を発明してもかまわない。

リスト：トイレ洗浄剤、化学薬品、緑の党、市場、公衆、科学研究所、ゲイ集団、国立老齢研究所、カリフォルニア大学博物館、人学の経営者、アマチュアの収集家、猟師、王立研究所、テレビの科学教養番組、グリンピース、学校での科学の授業

「よし。フーコーは理解できた。ラトゥールもOKだ。科学政策がどのように行われ、科学がどのように大衆化するのかもわかった。これでもう別の研究にチャレンジできるぞ。そういえば、キャシーが大衆文化に関する理論家としてのフーコーについてのセミナーに出ると言っていたな……ところでキャシーといえば…」ディヴンは喜びから浮かれきった様子で喋り続けていた。こんなことは彼にはめったにないことだった。

「なんだって？　ダイエットにでも成功したのかい？　デイヴ」とデーモンは話がよく聞こえない振りをしてなおもしゃべり続けるディヴンに応えた。

第五章　こんなのがシェイクスピアや買い物に応用できるわけ？

「やったぜ！　ハイタッチしようぜ。フーコーはのしてやったし、ラトゥールなんかひとひねりだ」。エリックは「となりのサインフェルド」のジョージとクレーマー(＊)の下手くそな物真似をして有頂天になっていた（二人のキャラをごちゃまぜにしていることにさえ気づいていなかった）。

（＊）一九九〇年～一九九九年放送の米NBC放送のドラマ「となりのサインフェルド」の登場人物。

メリルも浮かれ気分だったので、彼のものまねがダサイとは言わなかった。エリックもメリルも社会調査コースの最終評点を知って大喜びしていたのだ。フーコーに挑戦するという大きなリスクを、彼女もあえて引き受けた。リスキーな道を選び、それが報われたときのワクワク感はたしかにすごい。しかし、あまりのめり込んでしまうと足を取られてしまうこともある。そう、メリルとエリックも無茶をしてしまった。

「次は何にしよう？」メリルは自分が発した問いに、間髪入れずに自分で答えた。「カルチュラル・スタディーズ・コースっていうのはどう？　ミシェルとブルーノたちにポップカルチャーを歌ってもらおうよ」。まだ甘美な幻想の真直中、そんな調子だった。

「そいつぁグレイトだ、ベイビー！」エリックは墓の下ででも、下らないギャグを繰り返しているような奴だ。「俺らが知っていることを応用すりぁいいのさ、それだけで十分だろ。ＴＶ、映画、小説、戯曲、買い物、スポーツ、ダンス、音楽……何でもこいだぜ、ベイビー！」

二人は泣きを見るだろう。本章では、この二人が踏み出した方向を批判することになる。二人とは違って、読者にはいささか退屈かもしれない。しかし、彼らの思い上がりを挫くまで、しばしご辛抱願いたい――私たちが正しいのは間違いないのだが、慎み深く行こう。少し時間を費やして、これまで説明してきたフーコー的方法を、色々な文化事象について安直に、まるでペンキでも塗るようには、適用できないことを示そう。その後で、フーコーの方法を使うならば、文化にたいしと全く異なる、洗練されたアプローチがなされうることを説明しよう。まずは学校の例にたち戻って、学校教育を文化として考える議論をさらに進めてみよう。「フーコー的な方法を用いることによって、カルチュラル・スタディーズは文化の意味ではなく、文化の機能を探るものとなる」。これこそフーコー的な方法を学ぶ際に座右の名とすべきものだ。

意味の研究としてのカルチュラル・スタディーズ――フーコーの方法はここにはない

意味の研究としてのカルチュラル・スタディーズの究極の例を、合衆国のユーモア作家、ロバート・ベンチリーが挙げてくれている。二〇世紀初頭の作品で、彼はこの種の研究法をパロディ化している。彼はシェイクスピアのテキストの断片を引用しているが、その引用は脚注番号だらけですこぶる謎めいたものとなっている。

Enter first lady-in-waiting (Florlish(1),Hautboys(2) and(3) torches(4))
First lady-in-waiting –What(5) ho!(6) Where(7) is(8) the(9) music?(10) [Benchley 1937: 235]

彼はこの文章の一〇個の脚注番号それぞれに註をつけている。例えば次のようになる。

(2) Hautboys：この語は、「高い」を意味するフランス語 'haut' と、少年を意味する英語の 'boy' に由来する。ここでは Hautboy という語は、間違いなく 'high boys'(高い少年達)という意味で使われており、(*) シェイクスピアが女官の精神的苦痛を伝えようとしているか、それとも伝えようとしていないのか、そのどちらかであることが示唆されている。

(*) hautboysとは「苺」という意味で「高い」や「少年」とは関係ない。

(3) and：イングランドにはしっかりした海軍が必要だと言いたいときにシェイクスピアが好んで使った表現。タウフニッツは、antepenult の後ろから三番目の音節を強調して、「und ウント」と発音するべきだと主張した。しかし、このような解釈はそれほど重要ではないため、ほとんどの注釈者のあいだでは不評である。

［Benchley 1937:236］

ベンチリーは次のように結論している。

「どうやらこの文章全体が意味しているのは、女官がファンファーレ、オーボエ、松明を伴って登場し、「まあ、音楽はどこ？」と言ったというぐらいのことらしい。」［Benchley 1937:238］

もちろん、文化をフーコー的に研究しようという者達が、意味に取り憑かれているために、こんなパロディを演じてしまっているなどと言うほど、わたしたちは無慈悲ではない。だがそうも言ってはいられないのかもしれない。ここにフーコー的なアプローチを標榜しているカルチュラル・スタディーズ雑誌の特別号があるが、そこから二行だけ引用しておこう。

「この雑誌は世界的思考のコミュニケーションを目的とする。世界的思考は、思考の力を用いて、時間的領野においては二〇世紀から二一世紀への世紀末を克服しようとするものであり、そして、空間的領野においては、グローバルな規模における共時的思考による把握を逃れようとする、場に根付いた諸実践の多様性を活性化することに貢献する。」［Yamamoto 1997:3］

こんな大げさな教説に関心はない。ここで私たちが言いたいのは、先ほども述べたように、フーコーの方法を、D・I・Yで使う壁の充填材みたいに、どこでも好きなところに一吹きすれば効果覿面だなどと読者が思いこんでしまったらとんでもないということだけだ。家のメンテナンスと同じように、フーコー的な方法を様々な文化的事象に手っ取り早くあてはめてしまえば、結果は良くて失望、悪ければ破滅だろう。使用法を守らずに壁の充填材を使っても上手くいかないのと同じで、フーコーの方法を安直に使っても意味がない。エリックとメリルを見れば、わかってもらえるだろう。

エリックとメリルが参加しているカルチュラル・スタディーズのクラスでは、スチュアート・ホールの研究を扱っているところだった。ホールは、世界で最も有名な、また最も尊敬されているカルチュラル・スタディーズの第一人者である。文化研究の領域で、スチュアート・ホールという名前は長きにわたり、わかりやすく、洗練され、思慮深いアプローチの代名詞だった。ところで、多くの研究者たちと同じように、ホールも最近になってフーコー的な方法の価値を認めている。セミナーの記録である「カルチュラル・スタディーズ――二つのパラダイム」[Hall 1980] から、後のマーガレット・サッチャー政権下における英国文化の研究（例えば [Hall 1988a,1988b,1988c]）にいたるまで、彼はフーコーをカルチュラル・スタディーズの伝統に導入しようとしている。だが残念なことに、ホールは、フーコーを用いても、意味の探求という前提そのものを問題化するにはいたらなかった。彼は、フーコーを「深い」意味の奥底へと引きずり込むよう読者を仕向けてしまった。すなわち、フーコーを、文化をヘゲモニー的な意味とそれに対抗する意味が儀礼的に（そして果てしなく）争う場として捉える研究の道具として使おうとしたわけだ。たとえば、「二つのパラダイム」論文では、フーコーの一般的な認識論的姿勢を鵜呑みにすべきではないと、読者にたいして呼びかけている。フーコーが「全ての諸実践が、必然的には、相互に対応しない」という姿勢を貫いているために、彼の理論は「社会構成体」を理論化する役には立たないという理由からだ。

ホールの姿勢がさらに明白なのは、サッチャー文化を研究した論文のなかの一説だろう。ここでホールはフーコーを用いて、イデオロギーという色褪せた概念を磨き上げようとしている。しかし、イデオロギーとは、まさにフーコーが強く拒絶した概念だった。ホールは、言説分析を発展させたという点ではフーコーを高く評価している。というのも、「言説分析によって「古典的なマルクス主義のイデオロギー理論がもっていた物質／観念、土台／上部構造といった伝統的な二項対立が必然的に、そして根本的に修正」［Hall 1988b 傍点部原文］されるからだ。ホールにとってフーコーが重要なのは、「いかなる社会的諸実践も、意味論的な領域――意味を生産し、意味を与える諸実践――の外部に存在するわけではないこと」［Hall 1988b: 51］を確認させてくれるからである。

しかし、有り体にいえば、ホールはフーコーに本気で取り組んでいない。彼のフーコーの使い方はせいぜいのところ子供だまし、すなわち、フーコーの方法を用いてはいるが、文化の意味の自明性を揺るがすだけのことである。もちろん、私たちにとって、何らかの自明性を揺るがさないフーコーなどフーコーではないが。別の例を挙げておこう。サッチャー文化について論じた他の論文のなかで、ホールはフーコーの権力分析にたいして熱烈な支持を表明してはいる（「権力は単に抑圧的なのではなく、フーコー的な意味においては生産的なのだ」［Hall 1988a: 3］）。しかし、この洞察を無効にしてしまうような記述が続くので、控えめにいっても、がっかりしてしまうばかりだ。というのも、この論文の他の箇所では、権力はある有力者達によって所有されているものと考えられているからだ。これはフーコーの論じたこととまったく関係がない。すなわち、ホールにとっての文化とは権力者達、ここではマーガレット・サッチャーとサッチャー主義者たちによって容認され、推奨された意味の貯蔵庫のようなものでしかない。ここから示唆されるのは、ほとんどのイギリス人が、そのような意味から逃れられず、自分たちを意味づけるものとして受け入れたということだ。ホールにあっては、権力という概念は「文化―意味銀行」の取締役会のメンバーとほとんど同じ意味で使われている。つまり、有力な人々は、自分たちに都合のよい意味を銀行に蓄えていく。そして、権力にあずからない人々は、この銀行から意味を引き出す以外にすべはなく、結局それらを自分たちのものとして受け入れるようになるというわけだ。

もちろん、ホールの言っていることは、フーコーが墓のなかで身悶えするようなものでしかない。しかし、エリックとメリルには、レースの始まりを告げるピストルの音のように聞こえたようだ。そのレースとは、フーコーの方法を手っ取り早くどれだけ多くの文化的事象にあてはめられるかを競うものだった。

「ヘイ！　ベイビー、いい感じだぜ。フーコーとラトゥールが物事っていうもんが本当はどうなっているのか教えてくれるんだ。上等だぜ！」

エリックは、新しいカルチュラル・スタディーズ・コースの授業に数回出ただけですっかり自惚れてしまっていた。メリルもまた大人しくはしていられなかった。二人は、最近学会に出かけ、フーコーに関連した研究報告を聞いたりもした。残念なことに、彼らが失望を感じることはなかった。彼らが聞いたのは、ショッピングモールを一望監視（パノプティコン）システムとして解釈した報告、そして、鏡がいたる所に据えられた近代的体育館は、従順な身体を生み出す規律装置だと主張する報告だった。これらは、フーコーの研究を強引に単純一般化し、様々な文化事象に無理矢理当てはめようとする研究の典型といえる。

いま少し時間をかけて、問題点を明確にしよう。たとえば、消費について研究する場合に、『監獄の誕生』から近代的な従順で規律された身体についての記述を借りてきて、それを現代のショッピングモールの買い物客に当てはめてはならない、なぜだろう。ここで忘れてはならないのは、フーコーの本は、特定の事物についての特定の歴史を扱っているのであって、モダンライフに生焼けの中途半端な意味を与えようとする人たち向けのフーコー風味の調味料（さっと振ればフーコー風味の味がするようになる）ではないということだ。

ここでもまた、彼の歴史研究が「問題中心的」なものであることを忘れないようにしよう。新たな問いの立てかたによって、新たな歴史記述がうみだされる。だから、『監獄の誕生』での歴史的な記述を安直に再利用することはできない。この点を理解すれば、重要な事がわかってくる。すなわち、フーコーの研究を用いて、モダンライフにかんする一般論を得ることはできない。問題は、ある出来事がどのように自身の特異性を有しているのかを精確に示すことなのだ（二章で論じた全体史と一般史の差異にかんする議論を振り返ってほしい）。

ところが、こうした誤解によって、宗教、ジェンダー、階級、抵抗、またどのようなものであれ、ある特定の批評家にとって重要だとされるものが、フーコーの方法では説明できないという批判がうみだされてしまう。しかし、フーコーは、私たちの社会にとって権力が重要であるとか、規律が偏在しているなどといったわけではない。権力や規律といった概念は、ある特定の近代的事物の誕生にかんする研究のなかでみいだされたものだ。だから、フーコーの概念を何でも分析できる万能薬として鵜呑みにしてはいけないし、万能薬になりそうな別の方法を提案するべきでもない。一・二章で解説したように、必要なのは、歴史を注意深く用いて、自分の研究領域だけを扱うことなのである。

文化の意味を探ろうとするアプローチの落とし穴から抜け出すためには、エリックとメリルは、文化は経営（management）ないし管理（administration）として捉えることができるということを理解しなければならない。ただ、だからといって、この考え方が良きフーコー的研究者がとるべき唯一の道というわけでもない。私たちはこれが最良の方法のひとつだと考えているが、別の道を行こうとする優れた研究者達がフーコー的な方法を用い、文化的事象に真正面から取り組むことによって達成された歩みを認めたくないからなのかもしれない。

私たちの考える最上の方法を事例に即して説明しよう。たとえば、サイモン・デュアリンクの研究を読めば、フーコーの方法が文学研究にも役立つことがわかる。デュアリンクはフーコーの著作からいくつかのテーマを取り出すのだが、彼が扱うのは、ある一つの文学作品を論じるうえで歴史的に関連するテーマだけだ。たとえば、デュアリンクは、人々が死との関係から自分自身を理解するようになるその方法を、フーコーの医学についての研究から注意深くとりだしてくる。そして、フーコーの考え方が、ギュスターヴ・フローベールの『ボヴァリー夫人』やジョージ・エリオットの『ミドルマーチ』にも適用できることを示してみせる。

『ボヴァリー夫人』では、死は限界、有限性を意味する。ここでは死は衰えという形でどこにでもあるものであり、個人的かつ社会的な病理である。『ボヴァリー夫人』は、死を緻密に臨床的に描写しており、そこに功利主義的もしくは倫理的な死の効能を見いだすことはできない。他方、『ミドルマーチ』では、『ボヴァリー夫人』にみられたような死を純粋に観察するまなざしは、生の監視へと置き換えられている。その監視の目が扱うのは、商品ないしは情報となりうる事物と出来事だけである。『ミドルマーチ』においては、いくつかの段階はあるにせよ、登場人物は生の（エネルギーの）側にいるか、もしくは死に近づいているか（反復／停滞）のどちらかである。」

［During 1992: 62］

ホールのアプローチとは異なり、デュアリンクは古いトピックを新たなやり方で考える可能性を切り開いている。そうすることができたのは、フーコーの研究をそれとは無縁の研究領域の尺度として用いることが孕む危険性をわきまえていたからである。この議論に区切りをつけるにあたって、このような成果を成し遂げたのは彼だけではないことを強調しておきたい。たとえばトビー・ミラーも、フーコーの方法を注意深く利用することによって、ある特定の文化的諸事象――最も注目すべきは「適切に抑制された自己」という事象である――を分析している［Miller 1993］。注意深くなされたフーコーの研究が、どのようにして不注意に適用されることになるのか、自分で考えてみよう。

練習問題5・1

『監獄の誕生』を一読し、もし不注意に扱われたならば、文化について過度の一般化の原因となりうるようなポイントを三つ以上挙げなさい。そして、よく知られた文化的対象（例えばテレビ）について、過度の一般化を用いて説明しなさい。現代生活におけるテレビの機能についてどのような説明ができるだろうか。そのような説明の問題とはどのようなものだろうか。

（この練習問題では次のようなことを洞察してほしい。（残念なことに、カルチュラル・スタディーズの研究者には全く共有されていないが）テレビや、例えば監獄などフーコーが扱った対象は、それぞれ全く異なる歴史、社会的機能をもっており、それらの類似性を論じる口先だけの説明は、疑ってかからねばならないということだ。）

さて、エリックとメリルを説得する作業にとりかかろう。

管理の研究としてのカルチュラル・スタディーズ――フーコーの方法はここにある

本章の冒頭で述べておいたように、学校教育に焦点を当てて議論を進めていこう。学校教育という場では、フーコーの方法を用いて、上で概略し批判しておいた「意味を探ろうとするアプローチ」とは本質的に異なる仕方で、文化を扱うことができることを示す。

フーコーと文化の場としての学校教育

ここ二〇年来、フーコー的な方法を用いる研究者達は、教育の歴史、教室の誕生とその現代的性格にかんする理解を転換させようとしてきた。フーコーは『監獄の誕生』の大部分を費やして、新たな建築様式、空間と時間の新たなかたちでの組織化、身体の新たな配置と秩序化の様式を通して、個人性の近代的な様式がいかにして確立されたのかを描き出した。では、教育について考えるさい、フーコーのアプローチからどのような方法論的原則を引き出すことができるだろうか。

大衆教育の一八世紀末期以降の展開を扱う（フーコー的ではない）研究のほとんどでは、ある一連の原理ないし観念の実現（うまくいったものも、不十分にしか実現しなかったものもあったが）に焦点があてられる。たとえば、リベラリスト達は、学校を「集合的理性」を育成する土壌として捉えたし［Gutmann 1987］、またマルクス主義者にとっては、学校は今も昔も「階級支配」の道具のひとつである（［Bowles and Gintis 1976 = 1986］［Willis 1977 = 1996］）。ここでは、マルクス主義的なアプローチについて詳しくみておこう。マルクス主義的な立場から教育システムを批判する者達にとって、学校は否定的な存在だった。学校はたとえば、労働者階級の子供たちを規律された従順な集団へと育て上げるための土壌として理解された。ウィリスのアプローチは、このような思考パターンの典型である。ウィリスはアルチュセールのイデオロギー論（とくに［Althusser 1971 = 2005］をみよ）に多くを負っているが、アルチュセールにとって教育システムとは、支配階級のイデオロギーで満たされた社会が維持されるために必要不可欠な場所だった。教育装置によって現状体制の維持が可能になる。学校は、ある特定のスキル、ふるまい方（誠実さ、よきマナーなど）を教えることによって、資本主義の延命と発展を可能にする実践的「ノウハウ」を与えるのだ。

別の解釈が支持されることもある。たとえば、労働者階級を自分たちの教育の発展にとっての中心的な存在として考える見方である（たとえば［Bowles and Gintis 1976 = 1986］をみよ）。この種のマルクス主義的アプローチにとっても、学校とは別の意味で厄介な存在であるだろう。つまり、失敗の可能性があるということだ。

フーコー的なアプローチを用いた教育の歴史の問題への取り組みは、上に挙げたような立場への批判として現れた。早くも一九七九年には、ジョーンズとウイリアムスンが、一九世紀の義務教育が犯罪、貧困、国際競争にたいする関心（この関心は、都市とその住人を対象とした統計学的知の総体によって実践可能になった）からどのように生まれてきたのかということに主眼をおいた論文を発表した。彼らは、人口についての新たな知が編成されたことによって可能となった新たな介入戦略の登場を、フーコーの方法を注意深く用いることによって記述した。フーコーと同様、彼らは複雑な歴史的変化を原因─結果という単純なストーリーに還元すること、偶然に起こった局地的な出来事を過大評価して、そこに何でもかんでも飲み込んでしまうような意味や論理を見いだしたりすることを慎重に避けている。

また、ハンターの研究〔Hunter 1994〕は、ジョーンズとウィリアムスンの研究〔James and Williamson 1979〕を補足するものだ。ハンターによれば、近代的学校とは、一方で、住民を訓育しようという、官僚的かつ行政的な国家の完全に世俗的な欲望によって生み出されたものである。しかし他方で、キリスト教的な牧人＝司祭型の権力テクノロジー──精神的な規律のテクノロジー──が用いられている。ハンターにとって近代的学校の目標とは、自己反省的で自己統治的な個人を形成することである。ただ、再度述べておけば、近代的な教育システムが発展したとはいえ、その発展は見かけほどには、あるいは評論家が主張するほどには体系的なものでも、意味のあるものでもないとハンターは論じている。

フーコーの方法をこのように使うことによって、文化について従来とは異なった見方ができる。すなわち、文化を、ある種の個人を生み出すことを目的とする（統治的であったり、そうでなかったりする）一連の実践として考えることができるのだ。このように考えた場合、文化とは、銀行のように意味を保管していて、人々が意味を引き出したり預けたりするような諸現象の集積庫のようなものではない。

フーコー的なアプローチからすれば、学校とは限られた実践の資源のアマルガムであり、教育関係者はそれらを用いて、特定の問題に取り組むことができる。ホスキンもまた教室・実験室・ゼミナールという三つの基本的な知の生産現場の誕生について研究し、そこには包括的な意図や論理などみいだされないと強調している［Hoskin 1993］。ホスキンによれば、上の三つはすべて一八世紀の終わりに生まれたのだが、その成立時期には微妙なズレがあり、成立した場所もそれぞれ異なる（教室はスコットランド、実験室はフランス、ゼミナールはドイツで生まれた）。ホスキンは、これらの三つの場の出現を、公的試験の採用、数学的な形式での評価、従来の口頭試験の伝統に代わる筆記の活用と関連づけている。ホスキンにとって、規律（知の体系であり、さらに自己管理を含んだ諸個人の管理を意味する）とは、筆記、試験、評価付けなど、教育現場での日常的な実践から生じたものである。そして、一八世紀の終わりに、「学習を可能とする」様式がシフトした結果、新たな形態の社会的・経済的組織、自我の新たな形式を生み出す豊かな土壌が誕生したのである。ホスキンとマクヴェはこの議論を発展させ、近代的ビジネスを行う企業の出現は、産業革命によってうみだされた実際的なニーズ（例えば［Chandler 1977］をみよ）よりも、革新的な教育の定着に関連づけられると論じている［Hoskin and Macve 1993］。

ここで、文化としての学校教育について考察するのに用いられるフーコー的なアプローチについて、繰り返しになるが、その要点を述べておこう。第一に、私たちは近代的学校教育の歴史における偶然の作用を重視する。大衆教育の成立過程にあっては、カオス的ともいうべき、様々な可能性が存在した。そのなかから、近代的な学校教育は徐々に現在のような形をとるようになっていった。知、実践、プログラムなどが次第に結びつき寄せ集まっていくことによって、新たな実践が発明され、あるいは古い実践が活性化され新たな役割が割り振られるようになったのだ。

第二に、教室とは、リベラルで自由な、理性的な個人を育てるためにできたものではないし、労働者階級が自らを教育し政治化しようとする努力の成果でもない。学校教育はその誕生当初から、民主主義的なものでも、進歩的なものでも、革命的なものでもなく、きわめて官僚制的で規律的なものだった。すなわち学校教育は、個人が引き受けたり拒絶したりする意味に関わっているのではなく、生の管理に関わっているのだ。教室を支配階級の思うがままになるような道具として考えることもできないし、学校児童という哀れで虐げられた個人にたいして、イデオロギーを押しつけるための技術的手段として考えることもできない。思い出してほしい——ジョーンズ、ウィリアムスン、ハンターそしてホスキンにとって、教室とは分散した出自を持ち（すなわち唯一の起源などはなく）、断続的に発展してきたものであり、基本的には偶然の産物なのだ。

第三に、自己の諸形態、倫理的なふるまいの諸様式、知や規律のありかたといったものは、すでに存在している実在としてではなく、教室によって生み出されたものとして考えねばならない。文化が個人を生み出すのであって、すでに同化した個人とともに、あるいは、すでに同化した個人にたいして文化が作用するわけではないのだ。教室は、そこで子供が解放されつつある場としてではなく、ある特定の制度形態のなかで、子供達が積極的に構成されていく環境として捉えられねばならない。近代的教室とは、何よりもまず、特定の、歴史的な主体性の形態が生み出される場である。したがって、教室とはアプリオリに理性的な個人を育てる場でもなければ、真の個人性を抑圧したり、あるいは否定したりする場でもない。

ここまで紹介してきたいくつかの研究は、フーコーの方法を上手く利用しようとしている。しかし、この本を通して何度も述べてきたことだが、このような研究を読むと、歴史的な出来事を「表面的に」記述しているかのような印象を受けるかもしれない。しかしそれは、教育についてのより「深い」説明（「隠れたカリキュラム」の理論など）、あるいは自己の「深遠な意味」を慎重に避けようとしているからである。フーコー的研究者にとって、教育における革新とは、秩序だった社会的、経済的、政治的な変化の被造物ではないし、また子供とは、「本当の自分」が歪められ堕落したものでも、ありえた可能性を裏切るものでも、あるべきもの——正真正銘の文化の産物——にたいする障害でもない。そうではなく、教室は、住民の道徳的訓育という歴史的な問題にたいする「実験的な」対応としてみなされねばならない。

ここでいいたいのは、(私たちがいう意味での) 文化制度として捉えたとき、教室は次の二つの意味において実験だったということだ。第一に、教育が、道徳的訓育という特殊な問題に対処するための有望な試みであったという意味において。そして第二に、教室が科学と緊密に結びついた伝統から誕生したという意味においてである。以下では、今日の教室がこれらの起源の痕跡をとどめているということ、すなわち今日においてなお、教室は基本的に官僚的でありながらも実験的であるということ、そして政治的、経済的であると同時に心理学的でもあるような、知の複合体として近代の産物であるということについて論じていくことにしよう。


「よしよし、早くも話の先がみえてきたぜ」、エリックは気取った態度でメリルに言った。「学校っていうのはさぁ、文化の一部なわけよ。学校教育の言説っていうやつのせいで子供達は支配的イデオロギーにどっぷり浸かっちゃってているんだから」。

メリルはといえば突然自信を失ってしまっていた。彼女はエリックよりも飲み込みが早かったから、今取り組もうとしている問題は、これまで慣れ親しんできたカルチュラル・スタディーズを用いても一筋縄ではいかないことに気づいてきた。それは単なるスタイルの違いではない。フーコーとラトゥールにカルチュラル・スタディーズのおなじみの曲を歌わせようという彼らの目論見に暗雲が立ちこめてきたような気がしてはいたが、その根拠はまだはっきりとしなかった。けれども、メリルのこのちょっとした戸惑いでも、エリックの馬鹿げた熱狂に水を指すのには十分だった。

「決めつけてしまう前に学校教育をもう少し探ってみましょうよ」。今度は冗談ではないのだとエリックにわからせるため、声の調子を計算して言ってみた。

「いいとも」。突然、自分が怖い者知らずの二人組バンドのリーダーでなくなってしまったことにガッカリしたが、エリックはそれを隠そうとした。そしてフーコーの方法をカルチュラル・スタディーズと同じものにしてしまおうと決心したのだった。

エリックはその失望を上手く隠しておくことができなかった。だけども今はそれを彼に告げる時じゃない、そうメリルは感じた。二人は成り行きに任せることにした。しかし、カルチュラル・スタディーズに一緒にとりくむことで培ってきた二人の友情が、彼らのカルチュラル・スタディーズ路線とともに、曲がり角を迎えつつあることに、二人は気づき始めていた。前途に暗雲が立ちこめてきたのだった。

文化としての教室の複合性——科学・経済・道徳・管理

先に述べたように、教室は用意周到に準備された一つの実験として発明された。そして現在でも、そこでは実験的な戦略、夢、プログラムなどが生み出され、検証されているという点で、教室は実験的な空間であり続けている。これらの実験は、諸観念、諸対象、自己の新たな形態などがそこから生み出されるという意味で、つねに生産的なものである。

サイエンス・スタディーズのアプローチの特徴については、前の二つの章で明らかにしておいたが、このアプローチには、実験室は工場に似ていると論じる研究、工場は実験室に似ていると論じる研究の両方がある（たとえば［Miller and O'Leary 1994］をみよ）。ここでは、実験室は、諸観念、諸対象そして担い手達を生み出す場所として、工場のようなものとして考えられている。他方、工場とは緻密にコントロールされた実験が行われる場所でもあるが故に、実験室のようなものと考えられている。

「物理学者・科学者達が従事する実験室と同様に、工場もまた発明と介入が行われる場所である。これは工場でつくられる製品をみればわかることだ。しかし、工場は、さらに重要な意味において発明と介入の場なのである。それぞれ異なるバックグラウンドをもった作業員と専門家達が描く夢や計画から新しい現実が生み出されるのが、工場の作業場という場所なのだ。作業上での人・物の配置、顧客ニーズに基づく製造、「未来の工場」の設計などによって、工場はとりわけ実験室のようなものとなる。このような介入を通じて、作業場のなかでの新たな身体的空間、新たな計画の方法、労働編成の新たな形態、そして経済的市民権の新たな様式などが現れてくる。……このように工場とは、本来的にいって理論的かつ実験的な場であり、様々な現象を生み出す場なのだ。」［Milller and O'reary 1994: 470］

ここでは議論の焦点を絞り、現代的教室について、「文化」と文化的諸価値の生産のなかに組み込まれたものとして考察し、さらに子供達への文化の「刷り込み」について考察する。つまり、子供達が管理としての文化を内面化していく諸実践と、教室がどのように結びついているのかを考察する。これらの問いについて検討した重要な研究がすでに存在している（たとえば［Corrigan and Sayer 1985; Hunter 1989,1984; Donald 1992］をみよ）。

ところで私たちは、近代的教室は、二つの基本的性質を持っていると考えている。すなわち、教室は実験のための空間として、実験室をモデルにするという性質であり、製品と製造者を必要としている限りで工場にも似ているという性質である。上に挙げた最近の研究は、この点についてはついでに触れている程度である。ここでは私たちのこの主張が何を意味するのか考えてみよう。

教室は実験的な戦略・夢・プログラムなどが生み出され、試される場として考えられる。しかし、諸観念・諸対象・担い手達そして記録などがこの場から現れるという意味で、つねに生産的なものでもあった。このような生産をおこなうことによって、教室の機能に正当性が与えられている。ところで、ミラーとオリアリィが工場と実験室との関係について主張していることはすべて、必要な変更を加えれば、教室にもあてはめることができる。教室では「製品」が生み出されているという点、さらに費用計算、教育評価といった様々なプロセス、現場からのフィードバックといった考え方が教育にも導入されている点を考えればわかるように、工場のメタファーを拡張することによって学校にもあてはめることができる。

この章では、ある調査にもとづく分析をとりあげてみよう。この研究は、英国の中心市街地にある二つの学校において、それぞれ最年少学年の一つのクラスを対象にし、読み書き教育について調べたものである。子供達の年齢は、調査当時四歳または五歳だった。またこの研究には、二人の教師への長時間インタビュー、そして参与観察のフィールドノートも含まれている。

最初に、工場―実験型の教室を担当している教師の役割に注目してみよう。近代的な教室は、それを構成しようとする学問的言説、教育的言説、ならびに政治的言説にたいして、単純かつ透明な関係にあるわけではない。教室はある種の独立性をもっているからだ。教師にたいして主権者のような役割が与えられているということによって（それだけではないが）、教室の自律性が可能になっている。ある教師はインタビュアーの質問に応えて次のように述べている。「あらゆる教師は、本当に小さな小さな領土の女王なのです。ここは私が管理しているのですし、私がボスなのです」。そのあとで、彼女のクラスの生徒に、このことについて遠回しに訊ねてみると、子供もウィリアムスン先生はボスだと受けあった。

ただ、教師が監督しているとはいっても、教師の主観的な好みによって、教室の組織のありかたが決まってしまうわけではない。というのも、教職課程、再教育コース、教師達の勉強会、現職教育などすべてが結びつくことによって、教師は教室の管理にかんする知の網の目に絡みとられるからである。しかし、たとえば、教員養成の方法が孕んでいる矛盾、特定の教育方法にたいする教師たち自身による抵抗、「教育現場」の経験にそくして教師が会得してゆく特有の戦術などによって、一連の不均質な教育実践が生み出され、「相対的自律性」を帯びたものとなるだろう。このことによって、教育を対象とした戦略的な介入の「行きあたりばったり」な性質が明らかになる。フーコー的な文化理解からすれば、学校教育を通じた文化の伝達は、脆い実践であり、あまりにも多くの偶然にさらされたものであるがゆえに、そこに包括的な論理や国家主導のプログラムを見いだすのは困難なのだ。

しかし、教育学的な知そして心理学的な知によって、教師がどのようにして自らの行動を理解するようになるのかを認識するのは重要なことである。とりわけ、上のような様々な知を通じて、教師は子供達が積極的に学ぼうとする者であると、読み書きおよび言語習得に必要な様々なスキルを潜在的にもっている者であるとみなすようになるからだ。

「言語には話す・聞く・読む・書くという四つの要素があるが、教えるべき教科とはなりえないし、するべきでもない。」[Language Policy and Guidelines n.d.:1]

ここから、子供の遺伝子構造のなかに含まれ、子供の学習を事実上前もってプログラムしている、アプリオリな諸規則の体系を理論化しようとする動きがでてくる。このような方向での理論化は、ピアジェやチョムスキーといった子供の発達と言語習得にかんする重要な理論家の業績や、二人の業績に直接的、間接的に影響を受けた主流の発達心理学や教育学にみてとることができるだろう（とりわけ［Piaget 1959=1971］［Chomsky 1965=1970］をみよ）。

教育と発達についてこのような方向で考えた場合、教師の役割とは、子供に直接的に教え込むことではなく、子供の成長を援助し促すことだと理解されるだろう［Walkerdine 1988］。児童発達学と教育学において最も「社会的」だといわれている理論、たとえば教師と子供の相互作用を強調するヴィゴツキー的、ミード的な観点においてさえ、子供が社会プロセスを内面化することが決定的に重要であると考えられている。このように考えると、社会的なものは、環境が適当かどうかによって、早められたり遅らされたりするような、個人的な認知プロセスへと還元されてしまうことになる。こうして、発達心理学、教育学のなかで相互性を最も意識している理論でさえ、知る者と教えられる者の関係というカント的な問題の餌食となってしまう。カントは、アプリオリな個人を前提しつつ、知る者と教えられる者の二重性を主張したが、それと同様に、ある種の還元主義によって、内面化を司るホムンクルス(homunculus)が要請されてしまうのである（［Henriques et.al 1984］をみよ）。

この説明によれば、教師は教室を監督するのだが、その教室を構成する物質や力の基本的な性質は不変である。たとえば、子供達の発達プロセスは、教師のふるまい次第で促されも、妨げられもする。しかし、子供の発達は子供に内在するものとして考えられているが故に、教師の影響は厳密に制限されている。結果として、教師は教室という特殊な作業場で働く「技術者」のようなものとして考えられることになる。教室の「操作方法」にかんして様々な実験が行われる。たとえば、一九六〇年代のリベラルな時代には、教室の机は、きっちりとした列に並べるのではなく、「群島」状に並べたものだった。このような実験は、ある実験条件のなかでの変数の操作としてみなすことができる。

三・四章では、ラトゥールとキャロンの助けをかりて、実験室における科学と物との関係にかんする古典的モデルを問題にした。この古典的モデルと同様、ここでも、子供と教師に、それぞれ全く異なる役割が与えられ、また子供の現実、その「真理」は教師の手の及ばないような深みにあると考えられている。たしかに、子供の発育は実験条件によって促進されたり、妨げられたりもする。しかし、それはたとえば化学者が自然に存在する元素を操作する場合と同じことである。つまり、元素どうしが「自然」に結合するだけであり、技術者や実験者の主観的な介入とはまったく別の事柄なのである。公平な観察者にして自然の真理を明らかにする者としての科学者モデルが特権を失ったのとまったく同じように、発達を子供の内部に位置づけたうえで、それを「促進」したり「干渉」したりするだけのものとして社会的コンテキストを理論化するような発達理論に私たちが幻滅する日もやってくることだろう。

管理としての文化についてフーコー的な観点から描きだすことによって、意外な場所に連れ出されることになる。フーコー的なアプローチを用いて、上で述べた教師の道具的な役割から、この役割と結びついた一連の性質、振る舞いが生み出されるということについて分析が可能となるのだ。たとえば、教師には生徒たちを平等に「愛する」ことが求められている。この特殊な形態の愛が意味しているのは、教室ならびにそこで起こる情動的な問題に対して、公平に、プラトニックに、そして冷静に監視するということである。ここで、教師は子供達にとっての牧人のようなものとなる。教師が懸念するのは、牧人としての役割を遂行できなかったことによって生じる様々な問題にたいしてである。

たとえば、マッカーシー先生は、彼女の生徒の一人、ジョンについて次のように語っている。彼女はジョンを特別扱いしていたわけではない。

「本当なら彼にたいしてもう少し母親のように接するべきだったかもしれません。しかし、私はそうすることに耐えられませんでした。嫌なのです。母親然としたそぶりは避けなくてはなりません……いらいらしてくるのです。仕方のないことです。愛することのできない生徒にたいしては、特別な配慮を払わなくてはならなくなります。私が唯一心配したのは、それによって随分と楽にもなったのですが、ジョンの事情を知る前に自分が彼についてこんな風に感じていたことです。一生懸命にやらなくてはならない、人一倍努力しなくてはならないと。」

最近になって明らかになったジョンの事情、それは彼の家庭では性的な虐待が行われていたということだ。子供を「愛せない」という彼女の心配、そしてプラトニックで純粋な愛が阻害された理由がわかったときに彼女が感じた安堵感、これらは彼女の率直な発言のなかでも最も注目すべきものである。ここでは教師というものは、明らかに、たんに読み書きを教える以上の人格として構成されている。ただ、牧人的な配慮と良き指導とのあいだには相互補完的な関係がある。つまり、読み書き教育は、教室のなかの情動的なダイナミクスに大きな影響を受けるのだ。

「それは難しいですね。教師は生徒たちそれぞれに平等に時間を費やさなければならないのです。読み書きそして他のすべてについてそうなのです。私はジョンについては特に適切な時間をかけるよう心がけました。なぜなら……おわかりでしょう。」

教師のふるまいと牧人的役割とのあいだにどのような関係があるのか。さらに、それが教室を工場—実験室として説明しようとする私たちの議論とどう絡んでくるのか。やや遠回りに思われるかもしれないが、教室がどのようにして市民性の問いと結びつけられているかについて考察することによって、手がかりを得たいと思う。文化を管理として捉えるための道は、なかなか複雑なのだ。

「教師と生徒たちが支配的文化の中にイデオロギー的にどっぷり浸かっていると言えるかどうかなんて、わからないと思う」。メリルはできるだけ穏便に指摘してみた。「もうちょっと複雑なんじゃないかしら」。

エリックはすぐさま食って掛かってきた。「教師たちが言っていることを考えてもみろよ。学校はどうやって子供たちを教育すべきか、なんておしゃべりがあるけど、そんなものは子供たちが支配的文化への適応のしかたを学ぶという事実を隠すためのものなんだ。子供たちは、とどのつまりは工場でくだをまくか、失業保険暮らしが関の山さ」。

「まってよ、エリック。早合点しすぎだわ。子供たちがどうなってしまうのかってことについては、その通りなのかもしれない。でもだからといって、文化が私たちが考えていたように単純だってことにはならないでしょう」。

エリックはすぐには譲ろうとしなかった。「文化が単純だなんて考えちゃいないさ。テレビ、映画、新聞、ファッション、音楽、何でもいいさ、他にもいろんなものが、子供の学校教育の意味にどう作用しているのか、俺たちはまだ考えてないんだから」。われながら上手く言ったもんだ、彼はそう思った。

メリルは議論を続けたかった。だが、確たる根拠があるわけでもない。だから、もしかしたら今までの考えかたが正しいのかもしれないとも思ったのだった。エリックの一人よがりはうざくてたまらなかったが、しばらくは、これまでの考え方を続けてみることにした。

では、学校教育に関する論文をどうすればいいのだろう？　考えてみよう。

練習問題５・２

二〇世紀の西洋世界における学校教育の特徴をリストアップしなさい。そして、リストアップした特徴を、小論文を書くためのプランへと展開しなさい。小論文は、管理としての文化という私たちのフーコー的な説明と整合的なものにすること。

市民の生産、文化の刷り込み

教師は、教室の環境および教室がもっている資源を適切に展開することに責任を負っている。教室が「学習環境」のごときものであるのは間違いないが、それ以上のものでもある。すなわち教室とは、若い自律的な市民を構成する場なのだ。このセクションでは、文化としての教室の基本的な関心が、市民を生産することにあるということを主張したい。また、教室の目標が市民を生産することであるとすれば、教室が工場（明らかな「生産物」がある）にして実験室（生産プロセスを促進するために、実験が行われる）であることを傍証することにもなるだろう。

子供達にたいする教師の愛は、市民を生産するための技術である。家庭が教育上適切な環境を用意しない場合には特にそうなのだ。マッカーシー先生は、問題児ジョンについて話し続けた。

「申し上げたように、両親からは助けを得ることができません。私は彼の母親を一回しか見たことがありません。今はマルコムと名乗る男が学校に来るのですが、母親が何をしているかはわかりません。彼女が子供たちを世話するべきでしょうけれども、彼女がいったい何をしているかはわからないのです。」

教師は、ジョンに読み書きを教えるという単純作業にいそしむだけではない。生徒の家庭の葛藤がふりかかり、教師はケアを受けるべき子供を慰めるという役割をも担うことになる。自分の関心が子供の読み書き教育にあるということをインタビュアーは明示しているが、このことは、スキルの教授という領域を、近代初等教育における他の様々な領域と切り離しておくことが不可能であるのを示す多くの例のうちのひとつにすぎない。子供たちの「教育」という観点からすれば、子供に「教授する(instruction)」だけでは決して十分ではない。したがって、教師の仕事とはある特定のスキルを繰り返し教え込むといった単純なものではない。教育とはそれ以上のものとなっており、教師が子供とともに培っていくべき「特別の関係」に依存している。この論点は、わたしたちが展開するフーコー的な文化概念の基礎である。

ところで、調査対象となった学校のなかには、いろいろな情報源から集められた教育ガイドラインを持つ学校があった。それらは職員室で目を通すことができる。そのなかでも、学習の遅い子を支援するためのアドバイスは示唆的なものだった。先ほど議論したような、教師と子供との関係にみられる様々な側面に注目しているからだ。それによれば、重要なのは、教授法でも教科書でもなく、教師の姿勢である。すなわち、ある種の「愛」を示す能力である。そのガイドラインには次のように書かれていた。

「学習の遅い子供には、できるだけ緊密に個人的コンタクトをとり続けねばならない。教師が人間として子供に暖かい関心をもっていること、そして子供達の幸せや進歩に教師が常に関心をもっていることを、身をもって示さねばならない。生徒達との関係においては、激高したり冷淡になったりすることなく、いつも一貫して同じように振る舞わねばならない。」(強調は原文)

教師はいささか特異な立場におかれている。ソーシャルワーク関係の書類を閲覧できるため、教師はソーシャルワーク的ネットワークの一部として家庭生活に介入する。だが他方で教師は、学校での子供の成長に関心をもたない母親(そして父親)をほとんどそのまま代理するような立場にたつことも求められている。ウイリアムスン先生は次のように述べている。

「そうです。たとえば、ジョセリンのような例もあります。私が思うに、ジョセリンの学校でのふるまいは、母親が彼女に全く無関心なせいです。励ましてあげるとかそういうことは、私がやってあげなければならないのです。」

マッカーシー先生は、彼女が受け持っている生徒全員の学習態度について話してくれた。この話は、生徒の学校生活というのは家庭での出来事によっていかに助長されたり阻害されたりするものなのかという観点からなされている。典型的なのは、アンドレアについてのコメントだ。

「アンドレアはとてもよくやっています。彼女は努力家です。彼女を助けてくれる良い両親がいるからです。彼女はよい子で、学習意欲があります。」

同時に、家庭とは教師がどうにかして学校のなかに再現しなければならない場所である。このように考えた場合、ある種の代理の母としての教師と「悪童」がいるということになるが、教育の失敗は、最終的には悪童のせいにされる。ウイリアムスン先生が述べているように、「家庭がすべてを決定する」のだ。このような考え方は、子供の生来的な能力の重要性と、子供の発達における「幼年期」の重要性、その両者が科学的研究によって証明された結果、疑いなく確かなものとなった（例えば［Central Advisory Council for Education 1967］［Clarke and Clarke 1976］をみよ）。もし両親が幼年期に十分な刺激を子供に与えず、子供達を堕落させてしまうならば、教師の仕事はほとんど不可能になってしまうだろう、このように考えられることになる。こうして教師にはある種の逃げ道が与えられる。さもなければ、教師の責任の大きさたるや途方もないものとなるだろう。ウイリアムスン先生はトレーシーについて次のように語っている。トレーシーは社会福祉による保護が必要というほどではなかったものの、両親の無関心のために、教師にできることはほとんどなかった。

「そう、彼女は本当にかわいそうな子なのです。彼女は、出席と欠席をずっと繰り返しています。彼女は、本当はとても賢いんです。でも出席状況があまりにも悪いために、多くのことができなくなっています。授業が進んでいくうちにどんどん成績が悪くなっていくタイプですね。彼女はもっとできるはずなのに残念です。家庭ではほとんどケアされていません。彼女を見れば分かります。彼女は青白くやつれていて面倒を見てもらってないのです。」

なぜそんなにトレーシーの出席が悪いのかと訊かれると、ウイリアムスン先生は次のように応えた。

「ほとんどが良くない理由です。母親は、家で電気工を待っています。彼らは遅くまで寝ていて、誰かが病気、それが治ると他の誰かが病気といった具合なのです、そして他にもあれやこれやといろいろなことが起こります。もちろん良くない理由からです。彼女が学校に来ても、遅くまで起きていてテレビを見ていたというような目をしているのです。ソーシャルワーカーは、大きな問題には取り組んでくれるけれど、人手不足と膨大な仕事をかかえているせいで、きわめて深刻なケース以外は対応してはくれません。深夜のホラー映画を見た後、子供達は寝ようとしても寝つけるものではありません。私の教師としての経験からよくわかることです。」

教育を家庭と学校のあいだの相互作用へと転換することが意味するのは、子供の「堕落」にたいして教師は最終的な責任を負う必要がないということだ。教師は発達プロセスを促進するだけでよいことが承認されており、いわば理論的なジグゾーパズルのひとつのピースにすぎない。他方、子供は本能的に学習者なのである。

「子供達は賢明にも一生懸命に取り組んでいることがおわかりでしょう。子供達が競い合って前に進もうとするのを止めるなど、どんな教師にもできることではないのです。」

このようにしてウイリアムスン先生は、子供に備わっている本能的な才能を信頼していることをインタビュアーに打ち明けたのだが、さらに参加している教師達の勉強会でも披露したのだった。この勉強会で彼女がとったノートは、私たちが述べてきた、教育という骨の折れる文化の性質を浮かび上がらせる数々の記述であふれていた。いくつか挙げておこう。「両親こそが鍵である」「読めるようになるためには、たくさん読まなければならない」。「読み書き能力とは生来の能力と環境的影響が絡み合ったものだ」。「教師はモチベーションを与えることで、読み書き能力を促進することができる」。このように、子供たちが読み書きを身につけるプロセスは、本能／育成という軸にそって構成され、両親と教師の役割の構図が教育の文法に書き込まれている。生来的／後天的なスキルをうまく引き出すのは、あくまでも子供が実際におこなう活動なのである。ウイリアムスン先生のノートには、「テキストとの実践的対話」としての読解にかんするロバンとムーンの研究への言及があった［Roban and Moon 1978］。

このようにして、読み書き能力をめぐる教師達のさまざまな実践が形成されていく。文化とはすぐれて（非常に複雑な問題ではあるが）管理の問題である。「生来的なもの」についての観念、あるいは家庭生活の重要性という考え方は、教室の論理のなかにほとんど常識のレベルで組み込まれている。もちろん、フーコー的な視点からすれば、これらの実践および信念は自然なものではありえない。それらは歴史特殊的な状況が絡み合って生じた帰結であり、一連の重要な、しかし究極的には偶然的な、文化的変化の帰結なのである［Kendall 1991］。

教師達は、心理学的・教育学的な専門書に通暁しており、それらは彼らの実践の一部となっている。ある学校には、教師にむけて心理言語学を説く（使い古された）ヘンリ・ピアスンの本があった。教員室にいた教師達は、自分達が読み書き教育の理論としての心理言語学にどれだけ通じているかをみせてくれた。たとえば、フランス・スミスの研究についての知識である。読み書き教育にかんする教師達の勉強会では、「フォニックス（初心者を対象に綴り字と発音の関係を教える語学教授法）の誤り」とか「読解レディネス（読書開始のための準備指導）」などと題されたレポートが配布されていた。それらのレポートは、フランス・スミスの研究をもちいて、上の二つの教授法を否定しようとするものだった。教師達にとっては、意味こそがすべての判断基準であるべきなのだった。すなわち、フォニックスは悪い教授法である、なぜならテキストの全体的な意味に焦点を当てないからだ。また読解レディネスもまた悪い観念である。なぜなら、ウイリアムスン先生のノートの記述をかりれば「小学校に入学する以前には読み書きにかんすることは何もなされていないのだから、低学年で読書を開始するための準備ができている可能性はない」からだ。

文化における偶発的な作用に焦点を当てる私たちの視点からすれば驚くことではないが、折衷主義が教師達の実践の多くに影響を与えている。たとえば、ウイリアムスン先生のノートには、子供達をあまりにも頑張らせすぎてしまうことによって生じる危険性にかんする記述があった。ウイリアムスン先生は、学級における彼女の実践がどのように展開してきたのかについて考えている。

「私が教師になるための訓練を受けたのは二十年前ですので、かなり前の話です。大学で学んだ教育理論に基づいて教育をおこなっていたら、道を誤っていたでしょう。なぜなら、そんな教育理論は時代遅れだからです……教育とは個々の子供たちを相手にするものですが、大学では個々の子供達について学ぶことはできません。子供たちそれぞれが望んでいること、彼らがどのように反応するか、どんな風に反応する場合が多いかなどを理解するためには、現場に立たなければ駄目なのです。」

教師達は、心理学、その他の諸理論に通じているだけでは済まない。教師の実践は、より幅広い関心を通じて形成されるからである。「彼らは自分のベストを尽くして管理するのだ」。しかし、教師たちの実践を導く理論の多くは、(三章で論じた)ラトゥール的な意味で「ブラックボックスに入れられている」。すなわち、理論は常識となり、融合して、首尾一貫した実践体系のようなものとなる。生徒それぞれの要求に配慮するということは、教室のなかでますます権威を帯びてきた「良き教育実践」の「常識的」側面の一つなのだ。

実験室や工場と同じように教室においても、科学的な知の集合体は、それ自体は明示的に議論の対象とされることなく、様々な実践を生じさせ、それらの実践を自明的なものとするのだ。教室における子供達への教授は、単にスキルを伝達することに関わるだけではなく、子供と教師のあいだに特別な関係を作り出すことによって、ある種の人格を生み出すことに関わっている。この問題についても、文化へのフーコー的アプローチを用いることによって分析できる。

教育を単なるスキルの伝達以上のものとして考えた場合、それは必然的な進歩ではなく、歴史的に特定可能な実験の帰結ということになる。さらに、教育の定義を、これまで論じてきたように、「拡大した」人物を特定することもできる。その人物とはたとえばデイヴィッド・ストーという著名な教育改革者である。彼は一九世紀半ば、ヨーロッパ大陸に現れた一連の実験的教育法の普及に努めた。彼は、時間や空間が教室の中で浪費されていること、ときには「よくない」使い方がされていることに警告を発した上で、時間と空間をもっと効率よく配分し、良き市民の生産がなされるよう提案したのだった。彼はまた、グラウンドを道徳的訓育の場として制度化するのに大きく貢献した。学校のグラウンドは、最も重要な空間として理論化される。ここで子供たちは日頃の「鬱憤を晴らし」、また教師の注意深い監視のもと、教室で学んだ教えを、教室の外で実践するのだ。ある意味で、学校のグラウンドは、教室と地域社会のあいだに位置する「中間施設」となった（[Stow 1836,1839,1850] また [Tyler 1993] をみよ）。ストーの学校改革によって、教師と生徒との特別な関係は、市民を生み出す技術として練り上げられていった。

ストーは教師達にたいして、「優しく監視し、規律を与え、導くこと……そして、しっかりと、しかし穏やかに監視されるときに、愛と尊敬が芽生える」のだと助言する［Stow 1850: 216］。彼による教育改革以降、教室はそれ自身の論理をもつ場所となった。つまり教室は、かつてないほど外の世界から隔てられることになった。しかしながら、教室と外の世界との関係は以前より明確に意味づけられた。まさにこの点において、教室は実験室に似たものとなる。つまり教室はある特定の戦略によってもたらされた結果が、正確に評定され、それにしたがって新たな戦略が発明されたり試されたりする、閉鎖的で実験的な空間となったのだ。他方、教室が実験室にますます近づいていくにつれて、良き道徳的な市民を生産しようとする欲望が主導的な動機となったという点で、工場に似たものとなった。今や教室は、おなじみの近代的道徳性を帯びるだけでなく、これまたおなじみの近代的な究極的目標を抱くようになる。すなわち、市民を作りあげるという目標である。

子供を「愛せ」という教師にたいする命令は、教室を実験的かつ生産的でもあるような空間として再編成する試みと結びついている。シェイファーが述べているように［Schaffer 1992］、一九世紀のはじめに、近代的な「科学的」自己というものが発明された。科学的自己とは、そのふるまいが全般的な科学的計算によって形づくられ、また矯正されていくような自己である。ストーは、この新たに登場した科学的自己のうえに、（子供の）自己はどのように配慮されるべきかというビジョンを接合したのだ。フーコーの用語を借りれば、「新たな牧人的テクノロジー」［Foucault 1981c = 2001］は、その当初から、良き未来の市民を生み出すという科学的かつ道徳的な資格証明に訴えることによって正当化されたのだった。

ジョン・デューイも、これまで論じてきたような教室の変化に大いに貢献した人物である。二〇世紀初頭、デューイは、教室を「学びの環境」として再編するよう主張したのだった。彼は次のように述べている。

「現在の教育の状況の解決の手がかりは、社会的職分の典型となるさまざまの形式の仕事を利用し、それらの知的および道徳的内容を明示するように、学校の教材や教授法を徐々に改造することにある。この改造は、純粋に文献的な方法——教科書を含む——や弁証法的方法を、連続的で累積的な活動の知的発達のために必要な補助的手段の位置へと引き降ろすことを必要とするのである。」［Dewey 1915:315 =1975: 下巻 183］

ここで目指されているのは、学びの環境を、子供が、自分の「自然な」関心にしたがって、自然に成長していけるようなものへと変えることだ。もちろん私たちからすれば、子供の「自然な」成長とは、近代的でリベラルな教育形態の目標であるとみなされる。しかしこれは成長のための成長ではない。諸個人を社会的な役割に順応させせようとする試みなのである。読み書き教育は、社会的に有用な人間になるために必要とされるのだ。ところで、従来の教授法には危険が潜んでいる。なぜなら、それは「(子供を)読書狂に発展させるかもしれ」ず、そうなってしまえば、「社会的な実行力のある能力や技能の発展にとっては損失になる」」[Dewey 1929: 37=1966: 63-64]からだ。おそらくデューイの根本的関心――それはストーが端緒を切ったものだが――は、教室を「小さな共同体」へと変えていくことにある。彼にとって、教育とは本来的に良いものである、しかし、それは参加型の民主主義にあって積極的な役割を果たす市民をつくりだしうるような、特定の教育法を採らなければならないのだ。

ストーそしてデューイの著作によって、教室が管理としての文化(あるいは統治としての文化、経営としての文化)の一部として生み出すもの――その担い手、その対象、その観念など――をはっきりとみることができる。先に導入した用語を用いれば、これは学校教育の「工場的」な側面である。学校教育過程の最終的な帰結を、このようにしてより慎重に明確化できるが、教育の基本的な構成要素であると考えられていたものの多く(たとえば教師、教科書、知識の伝達など)は、たんなる道具にまで切り下げられていった。デューイの仕事が、合衆国の学校経営において今やお馴染みのものとなっている、テーラー主義的な戦略への道を切り開くことになったとしてもなんら驚くことはない。

私たちは、ストーとデューイの著作に、近代的教室の論理の先駆をみる。近代的な教室は、教育を与え、生きるために必要なスキルとしての狭義の文化を刷り込むことで、そして、あらゆるものを道具化することで、そのプロジェクトを今もなお続けているのだ。読み書き教育は、抽象的なスキルとして教授されることはほとんどなく、壮大な理論、夢、プロジェクトのなかで遂行されてきた。後で述べるように、生徒たちが起業家として形成されることもあるのだが、このことは経営（administration）としての文化における学校の役割の顕著な例であるといえる。

「支配的な文化の問題じゃなくて、複雑な管理・操作（Management）の問題だと思わない？　ねぇエリック」彼の見解を探りつつ、そして彼がどれだけ独りよがりになっているのかも探りつつメリルは訊ねた。

エリックが強硬路線を変えないところをみると、独りよがりぶりも最高潮の日だったに違いない。「市民を生み出す管理教育が、子供達を支配的文化にどっぷりと浸けることでないわけないだろ」。

そう言ったきり、エリックは質問すらしなかった。彼の居丈高な態度は、かつては二人の友情を高めさせたが、今となってはうざったかった。「エリック、あなたは最初から決めつけているみたいじゃない。「市民」というカテゴリーをもっと広く捉えるべきじゃない？　抑圧された大衆向けのブルジョア的規範なんかと捉えるよりもね」。

メリルがエリックと徹底的にやり合おうとしたのははじめてだった。彼女は満足だったが、エリックはその激しさにたじろいだ。ほんの少しだけではあったが、彼は譲歩した。「分かったよ、これならどうかな。支配的文化が、教育を生み出す。そして教育は、市民というカテゴリーを、それがあたかもオープンであるかのようなものとして作り出すんだ」。

やや取り入るような口調ではあったが、エリックの一人よがりが少しも変わっていないことはすぐにわかった。それればかりか、彼はますます一人よがりになっていた。彼女はさらに攻撃した。「アルチュセール的な衣装をまとった陰謀論ね」。彼女は自分でも驚いてしまうほどの大胆さで口走った。それは効果覿面だった。エリックは黙り込んでしまったのだ。エリックは自分の意見を認めている、まれに見るこの事態を彼女はこのように理解した。嫌々ながらの微妙なものではあるけれども、ポイントは稼げたみたいだった。無言のまま二人は一時的休戦に同意した。

選択を通した訓育

教室は若き市民達を訓育する場となった。そして読書は今や生徒達に完全な市民としての属性を身につけさせるための技術となった。ところで、読書教育は、選択という概念を中心として方向づけられていった。選択は、参加型民主主義の必須条件である。何であれ、何かをするように子供達が強制されることはないのだが、説得され、結局読み書き教育によってもたらされる恩恵を受け入れることになる。これは様々なテクニックを通してなされる。まず最初に図書館について考えてみよう。学校にいるあいだ、子供達は図書館から自由に本を借りることができる。しかし、図書館に行くことには、子供たちに向けられたそれ以上のメッセージが含まれている。すなわち、選択の自由も読書学習の一部であるというメッセージである。子供は徐々に本の世界にたいする起業家的な姿勢というべきものを身につけるよう促される。いうなれば、子供は、自己形成をビジネスとする「起業家」のようなものとなって、選択と自己発展という責任を負うようになるのだ。

したがって、図書館に行くことは、新しい本を学校に持ち込むための単なる手段ではない。自由の実践でもあるのだ［Rose 1992a］。子供達は大はしゃぎして、我先にと図書館に駆け込み、自分の好きな本を選択する。静粛にすべしというルール（何回目かでやっと理解するわけだが）を忘れてしまう者もいるのだが。ところで、よくあることだが、ふさわしくない本、つまり難しすぎる本や簡単すぎる本を選んでしまう子供、あるいは既に読んでしまった本を選ぶという奇妙な癖を持った子供もいる。このような子供たちは、自分の選択が間違っていること、そして自分の力を適切に出し切るにはどうすればよいのかを教えられ、別の本を選択するよう優しく強制される。

ウイリアムスン先生のクラスの生徒デイヴィッドは、図書館で絵の飛び出す絵本を選んだ。彼が読書のよくできる生徒だったということを鑑みれば、この絵本はあまりにも易しすぎた。ウイリアムスン先生はどうにか説得して本を戻させ、別の本を借りさせた。デイヴィドにはその本が簡単すぎるとどうやって判断したのか、その本を選んだ「理由」がよくない「理由」であるのはなぜなのか、インタビュアーにたいして彼女は次のように説明した。

「そうなんです。デイヴィドは飛び出す絵本を持っていたのです。私はこの類の本はまず勧めません。デイヴィドはああいう本が好きな理由は、よいものではない……だって、彼は本の見かけが好きで選んでいるのですから……内容をみているわけではないのですよ」

ここで選択は、外面的な魅力に関係するのではなくて、自己の発展と関係づけられている。ウイリアムスン先生にとっては不幸なことに、飛び出す絵本を借りようとしていた子供は他にもいた。インタビュアーが自分の選択についてどう思うのかをデイヴィッドに質問すると、彼は自分が持っているのは読みたい本じゃないと主張したのだった。


「デイヴィド、何を選んだんだい。」

「僕が選んだのは……これじゃない……これはウイリアムスン先生が僕にくれたやりだ。」

「そう、じゃあ君が選んだのはどれだい。憶えているかい。」

「これだよ。」（飛び出す絵本を指さす）

「なんでそれを選んだの。」

「だって、見せてあげるよ。こんなふうなんだよ」（絵が飛び出すのを見せる）

デイヴィッドは自分の選択が変えられてしまったことを受け入れられずにいた。しかし、それも最初のうちだけだ。子供たちの自由な選択が教師に受け入れられる時がくるまで、子供達の選択の自由は変形されていくのだ。数ヶ月が経ち、調査が終わる頃になると、「望まれぬ」選択はされなくなっていた。

このように「選択」とは、外的な基準に合致するようになるまで、原材料からゆっくりと洗練されていくものなのだ。子供たちが望ましいプログラムに沿って本を選択するようになるのと同じように、子供は教育されることによって自由にされるのだ（フーコー的なアプローチからすれば、「自由にされる」ということは、自由を通じた統治のテクニックとして真剣に扱われねばならない。わたしたちの観点からすれば、それは、より深い意味を隠すためのトリックではない）。他の分野においても、似たような戦術が展開されることによって選択が形作られていく、そして子供達は次第にそれを受け入れるようになる。たとえば、子供達は自分の絵を描き、自分自身の物語を語るようにいわれる。しかし、教師が見回って、生徒の選択が不適切な場合には他の選択肢を選択するように促す。このようにして、不適切だとみなされる場合には教師によって書き直されるにもかかわらず、子供達はこれらの物語の作者として構成されていくのである。

私たちの調査対象のうち二つの学校では、子供たちは書きたい「物語」を「求められる」のだった。多くの場合、子供達にはトピック・センテンスが「与えられる」。たとえば、「私は土曜日に買い物にでかけた」といったものだ。教師がトピック・センテンスを書き出すと、子供たちは教師の書いたものを書き直すか、あるいは教師の書いたものを書き写していくのだった。さらに、子供達は絵を描いて、それぞれの物語に添える。ある時、ジョンは刑務所にいる父親を訪ねたときの話を書こうとした。このトピックはあまり差し障りのないものへと書き換えられてしまった。コレットは、母親と一緒に電気局に電気料金を払いに行く話を書こうとした。しかし、教師はもっと美しい話へと書き換えてしまった。

まさにこのような技術によって、子供達は自分自身の——しかし、公的に承認された——物語の作者としてつくりあげられていく。このような訓練を通じて何が適当で何が適当でないかわかってくると、早くも子供達は自分の記述を判定するようになる。学校でのきわめて些細な実践によって、管理としての文化の重要な部分が形成されていくのだ。

生産としての監視——試験

試験が教育の最優先課題と考えられていると聞いて驚く者はいないだろう。教員研修で配られたハンドブックを見てみると、「客観的テストの必要性」という小見出しをみつけることができた。

「子供達への教師の見方は、ベテラン教師といえども、主観的なものになってしまいがちである。鼻水垂らし、貧しい身なりやしゃべり方、腕白さ。算数の才能のような要素の他に私たちが知りたいのは、ある子供の読み書きが同じ都市の平均的な子供と比べたときにどうかという点である。つまり平均的な基準とは何かということだ。」

教師は、読書年齢および読書指数という形式で、子供の得点を把握している。教師は、子供達のパフォーマンス（ここでは文字を読む能力）を客観的な得点に変換する単純かつ効果的な方法を手にしている。教師は、子供の能力を科学的に測定し把握する術を手にしている。教員研修の際のノートには、子供の得点の算出を正当化する次のような文章が見られた。

「子供の読書年齢を知らなければならない。
1　子供には適切な読み物を与えなさい。
2　子供にはその読み書き能力にあわせた配慮をするべきである。例えば読書年齢が七・二歳の一〇歳児は、明らかに治療教育の候補である。また読書年齢が一〇歳である六歳児であれば、幼児クラスの平均を超えてその能力を伸ばさなければならない。そうしないと、やる気を失ってしまったり、期待した成果を上げられなかったりするだろう。
3　子供達を適切なグループに分けなさい。」

試験と得点は、子供を記録のなかへと「囲い込む」ための方法のひとつであり、それによって子供についての新たな知が生産される。文化についてフーコー的に理解する場合に最も重要なのは、このことは決して権力の否定的な作用ではないということである。試験はたしかに規格化の技術のひとつだが、能力を伸ばすという目的が試験の存在意義として組み込まれているということもたしかである

（たとえば［Rose 1992b］をみよ）。遅れている子供には補習教育が施されねばならないし、進んでいる子供はさらに伸ばしてやらなければならない。ところで実際には、試験は学校の行事予定のなかで、相対的にいって、それほど重要なものとしてみなされているわけではない。試験は定期的に行われるが、学校にとって最大の目標ではないのだ。「テストは何も教えない！」、ある学校の言語教育の方針として書かれていた。

子供の能力を最大化するためになされる試験以外の様々な試みに、遙かに多くの時間と配慮が割かれている。たとえば、ある学校では「ワーク・サンプル」と名づけられたシステムが運営されていた。ワーク・サンプルとは、子供の発達を記しておく書類ファイルのようなものだが、このファイルでは（教師ではなく）子供達の作品それ自体が語るのである。

「子供の学習においてもっとも重要な指標は、子供自身の作品である。学校が生徒の到達レベルや進度を見るためには、ワーク・サンプルが必要不可欠だ。ワーク・サンプルは一学期ごとに採られるが、特徴ある作品（特に良いもの、特に悪いもの）をサンプルとして保存する。このようにすれば、ファイルは子供の作品を真に反映したものになる。」

これらのファイルが子供の作品の「真の反映」としてみなされるのは、ワーク・サンプルの試みが評価というプロセスのある種の民主化として考えられているからだ。子供は作品の生産者であり、原型的な作者としての役割を引き受けることによって、自分自身の発達過程の名の下に、自らの作品を提示することができるのだ。

このように考えると、試験とは、学校が子供の発達のために用意する多くのプロセスのなかのひとつにすぎない。（調査したある学校で確認された）重要なテクニックをもう一つ挙げておこう。それは追加的な言語教育である。この教育は一九六六年の英国地方自治法第十一項に基づいて、少数民族出身の両親を持つ子供達にたいしておこなわれる。この法律の条項によれば、「言語も習慣も異なる英連邦の国々からの移民がその地域に相当数居住しているために地方自治体が何か特別な施策を講じなければならない場合、地方自治体は追加人員を雇うための補助金を受けることができる」[Home Office 1986]。

もちろん、子供たちの生へのこのような干渉を、人種主義的なイデオロギーの発露として批判するのはたやすい。つまり、白人以外のエスニックグループの言語と価値観を、白人ブルジョアジーのそれでもって置き換えようとする試みだというわけだ。しかし、この干渉にたいしてこのようなアプローチを採れば、肝心なポイントを見逃してしまうことになる。「人種」の影響はある特定のやり方で登記されてきた。たとえば私たちが調査したある学校では、追加教育の対象となるためには、子供の両親ともに外国生まれ（英連邦に限らない）でなくてはならなかった。そして、ひとたび登記されると、「人種」は子供をめぐる一連の計算のなかで作用し始めることになる。第十一項のようなものが孕む潜在的な危険性は、教師や学校にとっては明らかだった。たとえば、ある学校のガイドラインでは、十一項と補習教育についての記述のすぐあとに、優れた実践にかんする規定があった。

「優れた実践には、そのカリキュラムを越えた、コミュニケーション（知識、価値、信念、観念などを習得したり伝えたりするコミュニケーション）が含まれる。子供達は教師が教えた物事を学ぶが、それと同程度に、教師の教え方からも学ぶのである。意見、信念そして他の価値判断などが歪曲されずに伝わっているかどうかに注意せねばならない。暗黙なものであれ明白なものであれ何らかの差別をしてしまうような、そして教師がなすことすべてを正当化するような教授法、教材は使わないようにしなければならない。」

ここでも、教育のなかの様々な実践を、子供たちの十全な発育を妨げるものとして批判することがいかに的外れなのか理解できるだろう。学校とは工場―実験室であり、教育的な実験を通じて子供達が作りあげられていく場なのだった。すなわち、学校の目標は、子供達が自分たちについての真実を知るのを妨げることではない。そうではなく、学校の目標は、最大限に機能する市民を生み出すこと、そして子供達についての真理を生み出すことにある。文化は積極的に作用し、管理を通して市民を生み出しているのだ。文化は単なる意味の貯蔵庫ではない。

ウイリアムスン先生は、読み書きを教えることによって子供達が得ること、そして失うことについて明確に述べている。

「つまり、学校は、ある程度までは子供達をつねに順応させようとしているわけです。でも、どんな場合であれ、人は何かをえるためには、順応しなければなりませんよね。これは教育の否定的側面だと思います。他方で、子供達が社会に参加できるよう訓練しているのです。この意味では否定的ではありません、肯定的なものです。おそらく、どんな立場をとるのか、どのように考えるのかによって変わってくるのでしょう。」

第十一項が促進したようなテクニックによって、子供たちの人種的アイデンティティに否定的な影響がもたらされるかもしれない。しかし、もしそうだとしても、それはこの法令の要点ではない。ウイリアムスン先生が雄弁に語っているように、重要なのは子供達を「社会に参加できるように訓育する」ことなのだ。

いうわけだ。

要約　意味の研究としてのカルチュラル・スタディーズ
VS
管理の研究としてのカルチュラル・スタディーズ

意味の研究としてのカルチュラル・スタディーズの場合

・フーコーの方法を壁の補修用ペンキのように使う。どんな壁でもお好みの場所にシュッと一吹きと

・フーコーの方法を深い意味が潜む深淵を探るために使う。ヘゲモニー的意味と対抗的な意味が、儀式的にそして終わりなく戦い続ける場のように文化を描写するための一つの手段としてフーコーを使おうとする（スチュアート・ホールによれば、フーコーは「意味論的な領域——意味の実践と生産——の外にある社会的実践は存在しないことを教えてくれる」のだそうだ）。

・フーコーの方法を使ってはいるものの、フーコー的な権力理解を「文化の意味銀行」の取締役会と同じようなものに変えてしまう。そうした解釈によれば、権力者たちは、自分たちに都合の良い意味を銀行に預けることができるが、権力を持たぬ者たちは意味を引き出すことしかできず、結局それらの意味を自分のものとして受け入れざるをえないとされる。

・フーコーの方法を使ってはいるものの、フーコーの研究が対象にしていたのは特定の歴史のなかの

特定の事物だったということを忘れてしまう。フーコーの方法は、近代における生の意味を中途半端に解釈しようとする人向けのものではない。

経営や管理という観点にたった文化研究としてのカルチュラル・スタディーズの場合

- フーコーの方法を用いて、学校教育など、ある特定の文化的実践を解明する。フーコー的なアプローチは、複雑な歴史的変遷を原因-結果という単純な物語に還元しない。さらに、局地的で偶然的な出来事の重要性を誇張することによって包括的な論理ないし意味を与えてしまうことのないようにする。
- フーコーの方法を用いて、文化とはある種の人格を生み出すことを目標とした一連の統治的実践であることを示す。文化とは、人々がそこから意味を預けたり引き出したりできる銀行のように、意味を蓄えておく現象の集合ではない。
- フーコーの方法を用いて、文化的な諸現象を知・実践・プログラムが段々と集積されていく場として捉える。そこでは新しい実践が発明されたり、古い実践が再活性化され新たな課題に利用されたりする。
- フーコーの方法を用いて、文化について、人々が引き出したり、ほったらかしにしておいたりする意味ではなく、生の管理という観点から理解する。

・フーコーの方法を用いて、自己の形態、倫理的な振る舞いの様式、知と規律のありかたについて、既に存在していた実体としてみなすのではなく、例えば教室など、特定の文化装置の産物として捉える。そして、文化が人格を生み出すということを示す。文化は、まだ文化に同化していない個人にむかって、あるいはそれとともに、作動するのではない。だからといって、文化とは諸個人が不完全にしか解放されない場でもない。文化とは、特定の制度的形態のなかで諸人格が積極的に構成される環境であり、特定かつ歴史的に限定される主体性を生み出す場である。文化とは、先験的に合理的な個人を育てる場でもないし、真の個人性を否定したり抑圧したりする場でもない。

・フーコーの方法を用いて、文化研究が対象とする歴史的な出来事にたいし、より「平板な」な描写を与える。フーコーの方法は、特定の装置についてのより「深い」説明や自己の深遠な意味に訴えたりはしないからだ。代わりにフーコー的アプローチにおいて文化の担い手となるのは、「本当の自分」が歪められたものではない。つまり、ある「真正の」文化という文明の産物がありうるにもかかわらず、その可能性が裏切られたのだとか、理想が妨げられたなどとは主張しない。

・フーコーの方法を用いて、学校教育を介した文化の伝達が非常に脆い実践であることを示す。学校教育はあまりにも多くの偶然にさらされているがゆえに、包括的な論理や国家主導のプログラムを見いだすのはほとんど不可能である。

・フーコーの方法を用いて、学校教育を、若く自律的な市民を構成する場として捉える。工場としての教室（明白な「製品」がある）、そして実験室としての教室（生産プロセスを促進するために一連の実験がなされる）の例を参照せよ。

• フーコーの方法を用いて、「自然さ」という観念が、ほとんど常識のレベルにおいて、文化的諸制度の論理のなかに浸透していることを示す。フーコー的な観点からすれば、そのような自然さとは、ある特定の歴史的諸条件の帰結に他ならない。

• フーコーの方法を用いて、文化的な制度が正常に作動している際、その実践の担い手達が、どのようにして自分にできる限りのことをするのかについて分析する。それには、さまざまな理論がどのようなプロセスを経て、ラトゥール的な意味においてブラック・ボックスに入れられるか——様々な理論が常識となり、一貫した実践の体系のなかに取り込まれてゆく——を明らかにする必要がある。

• フーコーの方法を用いて、管理としての文化（統治としての文化・行政としての文化）の一部をなすものとして、教室が生産しているものの全体像——担い手、対象、観念——を明確に示す。

• フーコーを用いて、「自由にする」こと、そして「選択する」ことが自由を通じての統治のテクニックとして真剣に考察されるように、経営としての文化についての見取り図をつくる。

• フーコーの方法を用いて、試験や評価について、子供達にかんする新たな知の生産という視点から理解する。その場合、試験や採点は、子供達を記録のなかに「囲い込む」ための手段として位置づけられる。これは権力の否定的な作動の仕方ではない。試験は規格化のテクニックではある。しかし、「能力を伸ばす」ことも、試験の存在意義として組み込まれているのである。

• フーコーの方法を用いて、教室のなかで行われる実践を、完全な発達にとって否定的なものないしは障害と捉えてしまわぬように文化を分析する。学校は工場―実験室であり、ここで子供達は教育的実験によってつくりあげられるのだ。学校教育の目標は、子供達が自己の真理に近づくのを禁止することではない。その目標は、真理を生産することによって、最大限に機能する市民としてつくりだすことだ。この説明によれば、文化は管理によって市民を生み出すべく、積極的に作動するということになる。

今度はあなたの番だ。上に挙げたポイントを練習問題で使ってみよう。

練習問題5・3

教師と生徒のインタビューから引用された文章を読んで、私たちの分析が、カルチュラル・スタディーズの意味としての文化による分析とどのような点で異なるのかについて考察したうえで、小論文を書きなさい。生徒と教師の話のうち、少なくとも3つは考慮にいれること。

いくつかの注意点

フーコーの方法を、意識や意味ではなく、経営や管理に焦点をあてて使うアプローチの利点について論じるために、学校教育を文化の一部として集中的に論じてきた。また、近代的教室がもつ戦術について、文化のミクロ的な作用形態としての読書教育との関連において分析してきた。学校教育の実践の外部空間はほとんど存在しない。つまり、読み書き能力や、生活のために必要なテクニックを備えた完全な市民として作られていくことを、子供達が拒絶できるような場所はほとんどない。しかし、いかなる抵抗も存在しないということを主張したいわけではない。この章のまとめとして、抵抗の形態についての逸話を紹介しておこう。

私たちが調査した学校のひとつでは、午後の遅い時間に遊び時間が設けられていた。遊びから戻ってくると、日記をつけることになっている。学校で過ごす最後の十五分間に、遊び時間の前までにやっていたことの締めくくりをするのだ。日記を仕上げてしまえば、「選択する」ことができた。つまり、することを自分で選び、たとえばゲームなどをして余った時間をつぶすことができる。マイケルという子供は、毎日、遊び時間に入る前に、じっくりと日記を書くことにしていた。実のところ、彼は明らかに日記を仕上げていて、必要以上に色づけしたり、書いた文字をなぞったりして、時間を潰していたのだ。彼はいつも、教師が遊びの時間であることを告げるその瞬間に、日記を仕上げていた。ある日、なぜ日記が仕上がっているのに、先生のところに見せに行かないのか、彼に訊ねてみた。「そんなことできないよ」と彼は答えた。そんなことをしたら、先生は他のことをやらせるだろう。それに、遊びから帰ってきたらそれもまた日記に書かなくてはならなくなるじゃないか、と。マイケルは抜け目なく、遊び時間の後に「選択する」ことができた。制度がどう動いているのか、一学期もたてば五歳児にだってわかるのだ。

近代初等教育の教室における文化を、多様な生活形式と結びついた多様な実践がときおり不安定に共存しているものとして考えることができる。教室における読み書き能力にかんする諸問題に注目することによって、その多くの形態を可視化することができる。私たちは、教室を、近代自由主義国家の要求に合致するような学習環境として特徴づけてきた。すなわち、子供達は、若き市民として、自分自身という作品の作者として、自由で独立し、自分の学習方針を選択することができるものとして作り出される。ただし、それは自由による統治の枠内においてである。

上で述べた多様な実践の「不安定な共存」と「能力を伸ばすこと」への抵抗とは、少なくとも部分的には関連している。近代的な教室のなかにいる子供達は、複雑な抵抗の戦略を編み出すことができるだろう。それは教師にとっても同じことだ。しかし、この錯綜し首尾一貫性に欠けた一連の活動から、読み書きのできる市民の生産を促す、日々の教育学的実践が現れてくる。なじみのものであり、ドラマチックでもある「意味の銀行としての文化」ではなく、日常的な「管理・経営としての文化」をキャンバスとして使うことによってはじめて、学校を実験室であり工場でもあるものとして描き出すことができるのだ。

エリックはとても惨めな気持ちだった。今となっては何となく気づいていた。当初彼らが信奉していた意味としての文化へのメリルの疑いは深いのだ。そして文化を多様な管理的作用と見なすほうが、カルチュラル・スタディーズにかんしていえば、遙かに優れたフーコー的方法の用い方に思えてきた。だが「気づいていた」といっても、頭ではっきりと理解できていたわけではない。彼は断固として首を横に振った。「全然納得できないね。」自分に言い聞かせるように言った。「学校は工場みたいだ」「それは子供達が工場で働けるように訓練するからだ。子供達が何かを生み出すからというわけじゃない」。

これを聞いてメリルは確信した。エリックは間違っている、そして自分たちの最初の方向性は間違っていた。エリックの暴走は無視しておけばよかったが、二人の友情とやらがまだ糸を引いていた。「まじめにやってよエリック、メタファーの半分しか使っていないじゃない」。フーコーとラトゥールを武器にカルチュラル・スタディーズをやろうとしたのを忘れたの？　学校は、工場と実験室を掛け合わせたものなの。市民の生産は、頭の固い左翼がいう大量生産という意味での工場イメージとは違う。柔軟で、その帰結についてはあらかじめはっきりと確信できないという意味での工場イメージなのよ。「それはちょっとロマンティックすぎるんじゃないかな」とつぶやいてみることしか、エリックにはできなかった。これ以上議論しようという気力は残っていなかった。

第六章　フーコーはパーティがお好き?

本章のタイトルとなっている問いに取り組むために、学生たちが最近開いたパーティにこっそりと耳をそばだててみることにしよう。このパーティではフーコーにかんする議論が大いに交わされていた。その内容にはいただけないところもあったが。以下はこのパーティの報告である。

「素敵なパーティみたいだね……」。正面玄関に近づいて、ディヴンはためらいながらも（とりあえず）言った。

「僕はちょっとおかしくなってるんじゃないか、こんなところに来てしまうなんて。こんなとこに来るような奴は大嫌いだったはずだろ。突然逃げ出して、TVを見に行っても驚かないでくれよ」。デーモットは何ヶ月もの間、ディヴンにこういい続けてきたのだった。デーモットのこのような言い草はディヴンにとって快いものではなかったが、それでも自分たちの友情が深まりつつあることの証しだと思うことにした。

飲み物をとるとすぐに、大声で話している人物の相手をしなければならなかった。彼らはその人の名前を聞き逃してしまっていた。しかし、デーモットはその名前を聞きたくはなかった。というのは、彼にはエンツォと聞こえたからだ。ディヴンにはインジィと聞こえた。そう、大声で話していたのはインザマムだった。インザマムは第一章でみた時とまるで変わっていなかった。ビールたった二杯で、すべての人々が自分の最近考えていることを熱中して聞いているはずだと思い込んでいたのだ。

「君たち二人は学者タイプだな。僕は、現代ではセックスにたいする抑圧が前世紀末よりもずっと減ってるってことを、ここにいる奴らにじっくりと説明してやろうと思ってるんだ」。彼は自分でも何をいっているのかよく分かっていないような調子で話し続けていたが、あいも変わらず、フーコーは歴史化をやめないのだという点をまだよく飲み込めてなかった。

ディヴンは反論をしなければという衝動に駆られた。対してデーモットはといえば、たまらずＴＶのほうに向かおうとしていた。その場を抜け出そうとしていると、昔参加したパーティでみたことのある女性に出くわし、挨拶せざるをえなくなってしまった。デーモットは彼女の名前を曖昧にしか覚えていなかったが、ジェニーだった。

「あなたも逃亡を企てているのね？」彼女は言葉を誇張して言った。

「わかるかい？」ジェニーが自分も受難者の仲間だと名乗りでてくれたおかげで、デーモットはほっと一息つけたのだった。

「パーティで知的な事柄について話すのは嫌いじゃないわ、お酒がそんなに入らなければね。でもインザマムはちょっとやりすぎよ」。

デーモットはさらに安心感を覚え、真面目くさったふりをして言った。「心配しないでいいよ。彼の話はディヴンが聞いてやってるから、君は何時間か安全でいられると思うよ」。

ジェニーがワインをついでくれたからだろうか、逃げ出したいという気持ちは和らいできた。彼らは気楽なお喋りを楽しんだ。ただ、ワインを飲み続けながら喋っているうちに、ジェニーは「このようなフーコー・ビジネス」に、まだ不安を感じていることを打ち明けたのだった。デーモットは、「みんなが完全に把握しているわけじゃないから大丈夫だよ」と話して、彼女を安心させようとした。その時だ。隣の部屋からやってくる人物を中心として、笑いと大声がごたまぜになって聞こえてきた。だんだん大きな声になってきた。


ステッフィは、クイズがどうすればうまくいくのかについて、「呑んだ勢い」にまかせて提案しようとしていた。「いや、そうじゃなくて……まずは「フーコー的なもの」だと思うことを、各自で書き留めてみましょうよ。次にその項目それぞれに帽子か何かをおく。そしてそれぞれの挑戦者が、ひとつずつ項目を引いていって、それが本当にフーコー的な論点なのか、それから何に関する論点なのかを考えればいいじゃない」。

エリックは彼女の提案を採用し、まとめ役を引き受けた。「いいだろう。まずは、次の四つについて考えることにしよう。考古学について、系譜学について、言説について、権力—知についてだ。それからそれを賢明なものと馬鹿げたもののミックスにしよう、そうしないと面白くないだろう」。

デーモットは、エリックにとんでもない大馬鹿野郎めと思った。しかし、今のところはジェニーのために黙っておくことにした。というのも、こうしたクイズに、彼女が微笑んでいたからだ。彼女も未熟者だと分かってしまったが、笑って我慢することにした。彼もゲームに参加したが、やる気はなかった。エリックがみんなの参加を募っているとき、デーモットだけが彼のマナーにいらだっているようだった。

エリックが叫んだ。「OK！　まず最初の出場者はだれだい？」。

ジーハは、このような状況で進んで前に出ていく性格だ。彼女は「わたしよ、ワ・タ・シ」と声をあげ、部屋の注目を集めた。

エリックが言う。「よし、そこのお嬢さん。できれば次の問題に答えてほしいな。今から挙げる四つの項目は、われらの偉大なるミシェル・フーコーが展開した研究道具の説明になっているだろうか、またどれがそうだろう。1はアルシーブの中の言表を記述する道具であり、言表は言表可能なものと可視的なものをカヴァーする。2は精神状態と酒を飲むピッチの状態との関係を分析する道具である（エリックがこれを読んだときクスクス笑うものもいたが、デーモットは悪寒に身もだえしながら聞いていた）。3は現在性の歴史を通して権力を導入するものであり、恥ずべき起源と、不快な機能に関わる。4の道具によって、言表可能なものを境界づける諸規則（もちろん閉鎖性の規則ではない）を明示することが要請される」。

ジーハはすぐに飛び込んできた。「1は真面目な問題で、考古学の問題よ。2は子供だまし。3の問題は簡単。系譜学ね。4は抑圧されたものを解放するために、権力と知を一緒に使った方法よ」。

部屋にいる全員（デーモットを除く）が彼女のマシンガン・トークを喜び、笑っていた。

エリックが返答する。「なるほどね、でも完全に正しいとはいえないな。二番目の問題が子供だましにすぎないのは、労働者階級の文化を理解していない人にとってだけだよ。でも、ここにいる人たちは、そんなことないとは思うけどね（さらに大きな笑いが起こる、デーモットは凍り付いていたが）。それから冗談ぬきに、四番目は言説の問題だよ。次の人よろしく」。

カートリィが熱っぽく言い放った。「俺がいくぜ。いついかなるときもセクシャリティーがオイラのモットーさ！」。観衆からは、彼を励ますような野次が巻き起こった。デーモットの腹の底からはふつふつと別の何かがこみ上げてきた、しかし彼はこらえた。

エリックは新しい論争相手に熱をいれていた。「古今東西の文化を発掘してみようぜ」

彼ら二人は笑い転げていた。居合わせた人のほとんども、クスクスと笑っていた。デーモットはこのとんでもない二人組が信じられず、あやうく気を失ってしまうところだった。いったいどうしたらこいつらみたいな頓珍漢な誤解ができるんだ？　あれこれ考えた結果、この場を抜け出すことだけが救いだと確信した。さっきと同じように、彼は本当に好きなもの（TV！）へと突撃しようとした。しかし今度も踏みとどまった。というのは、セイレーンの歌声のごとき冷笑（冷笑は常に彼を惹きつけるものだった）が聞えてきたからだ。

「ねぇ？　ラトゥールの赤でうがいでもしながら、一緒にやってみない？」マルティナは、隣の部屋で行われているゲームを皮肉ろうとしているんだということをデーモットに知らせるような口調でイヴァに尋ねたのだった。

自分と同じ考えの人々がいることに気づいたので、彼もやってみる気になった。『私たちはけっしてモダンではなかった』一〇冊を、鼻の上に乗せるとか?」彼は提案するようなそぶりで、話に割り込んだ。

女性たちは、よき心の友であるデーモットがイラついていることにすぐに気づいた。イヴァは返答した、「新しいバージョンよ、ラトゥールの改訂版、『われわれが賢明だったことなどない』よ」。ブラックボックスがパタンと閉まるスピードよりも速く、彼ら三人は、部屋の片隅でクイズもどきを始めた。科学、モダニティ、帆立貝について議論した。——彼らの耳には、ウィットが彼らの間で炸裂しているように聞こえていたみたいだ、しかし(パーティを盗み聞きしている私たちからみれば)、ウィットというよりもワインだったが。

イヴァがからかうように言った。「〝科学‐本質主義〟は、科学が何か特別なものであり、他の文化形式、社会的行為から区別されるという考え方に関係しているのかしら? それとも、キャロンが帆立貝を発見したように、「偉大なる人間(great man)」が「現実‐世界」の対象を発見するという考え方に関係しているのかしら?」

デーモットは鋭い。「ラトゥールは、知識社会学をひっくりかえしたんだぜ、シャンパンの泡をはじけさせるようにね。科学が真理を生産すると考え、またわれわれに真理について教えると考えたのさ。だから君の質問に答えるなら、科学本質主義は「偉大なる人間」テーゼってことになる」。

「学者さんのとても賢いこと」、マルティナがおちょくった。彼ら三人は今や、自分たちは隣の部屋で行われているクイズの辛辣なパロディを、ギールグッド(＊)のような品格をもって演じているのだと確信していた。「でも次の謎を解いてみなさいよ。科学者たちはブラック・ボックスによって、社会的世界の複雑性を単純化することによって、自分の仕事を進めることができるとしましょう。そのとき、ブラック・ボックスという道具を使って、マクロな行為主とミクロな行為主という区別を破壊することができるといえるかしら。それとも、ブラック・ボクシングというのは世界へビー級選手権のことかしら？」

（＊）Arthur John Gielgud（1904-2000）。イギリスの映画・舞台俳優、演出家。シェイクスピア劇で有名。また、八一年『ミスター・アーサー』でアカデミー助演男優賞受賞。

このような暴走気味のユーモアは止まることを知らない。ここでは途中を省略して、イヴァ、マルティナ、デーモットの三人が、エリックのクイズ（エリックとインザマム、二人のクイズになっていたのだが）に割って入るのを決意した場面を描くことにしよう。

練習問題6・1

三人で行われているゲームに参加する機会を得たとしよう。科学に関する様々な議論の要点をランダムにリストアップしておくので、自分でクイズを作ってみてほしい。ただし、リストにあげた項目のうち、少なくとも三つの論点を取り入れること。

・ラトゥールの「ブラック・ボックスに入れること」という概念が意味するのは、様々なエレメントを考慮しないということである（たとえば、車を運転する時にわたしたちが考えているのは、数種類のエレメントにすぎない。私たちはブラック・ボックスに依存しているが、それは検証されていない）。

・多くのブラックボックスを隠しておくことによって、科学者は二つの主要な戦略を用いることができる。目標を置き換えること、そして新しい目標を発明することである。

・フーコー的方法をラトゥールのように使用することによって、技術決定論の回避という大きな利点を得ることができる。技術決定論では例えば、様々な変化が、鐙など、さまざまな武器の発展によって説明される。

・社会─技術的システムにおいて引き起こされた変化は、通過必須点の地勢をつくりだす。新たな発展は、支配的になったものを前提として引き起こされる（例えば、新たな冷蔵庫の技術は、電気冷蔵庫を経由して生み出されざるをえない）。

・モダニズムは時間性に対する誤ったアプローチである。

・上に関連して、モダニズムは偶然的なものと必然的なものについて、誤った区別を設ける。

・上と同じテーマに関わるが、モダニズムは歴史を革命として概念化せざるをえない。

・ポストモダニズムは、～～を経験的に記述するという課題を拒否する。しかし、時間を継続的な革命へと分割するというモダニストの考え方には同意する。それにより、いかなる「後」という概念にも反論しつつ、モダンの後に到来するという「不毛な」ポジションに身をおくのだ。

・ポストモダニズムは「前衛のどんづまりにはまり込んでしまっている。その背後に続く軍勢などない」。

・ポストモダニズムは徴候であり、解決ではない。

・研究者は関心づけのプロセスによって、（知と行為主の）ネットワークをできるだけ強いものにしようとする。関心づけというのは、全体とのつながりを安定化し、また全体が他の全体とのつながりを弱めることによって、他の行為主の同一性を安定化させようとする行為である。

・人間と非人間、あるいは自然と社会をアプリオリに区別しないことによって、ラトゥールとキャロンの提示した例は、自然と非人間を知とネットワークへと再統合する、新たな形式の社会学を示唆する。彼らが求めるのは、様々な解釈がどのようにしてネットワークから発生するのかを理解することである。つまり、ネットワークがいかにして構築されるかを私たちが前もって認識するということではないし、また社会がどのように機能するのかを認識するということでもない。

イヴァ、マルティナ、デーモットたちが議論を再開しようとしていると、その傍では、エリックとカートリィが冷めた目つきのメリルにクイズを容赦なく浴びせかけていた。クイズを出されてもドギマギしまいとするメリルの断固たる決意に、すっかり図に乗ったクイズ・マスターの二人が気づいている様子はなかった。そして、われら三人の勇敢なクイズ・バスターたちはといえば、メリルを助けようという気持ちになっていたのだった。

エリックとカートリィは、ゲームを自分の得意分野だと考えているカルチュラル・スタディーズの領域に移して、お互いの団結を深め楽しんでいた。イヴァ、マルティナ、デーモットたちは、彼らの出すくだらない問題に真剣に答えることによって戦いを挑んだのだ。そこで交わされたやり取りについて述べることにしよう。

エリックは笑って言った。「次の四つのうち、どれが真のフーコーだろう。①フーコーの方法は、労働者文化のあらゆる場面に適用可能な政治的分析を生み出しうる。②フーコーの方法によって、資本主義的消費という表層の背後に隠された文化の深い意味を見出すことができる。③フーコーの方法によって、ヴィクトリア時代の性道徳を強制するブルジョワジーの権力について理解することができる。④フーコーの方法は、近代的な生の意味にかんする十全なストーリーに興味を持つ人々の処方箋である」。

メリルが口を開く前に、カートリィが大声で答えを叫んだ。「全部正しいぜ。なぜって、以前僕が書いたことだからさ!」

エリックとカートリィは一緒に笑いながら、馬鹿げた「ハイ・タッチ」をしようとしていた。まさにその時だ、居合わせた人々を驚かせるような大きな声でデーモットが割って入ったのだ。彼自身が驚いてしまうほどの大声だった。「お前たちみたいなお笑い芸人が問題を出すっていうんなら、解答者にはちゃんと答えさせてあげてほしいもんだぜ」。

「僕らは彼女が答えられるようにしたはずだぜ」。エリックが言い返した。とはいえ、デーモットの介入によって、彼は少し調子を狂わされていた。

矢継ぎ早に、別のところからとても大きな叫び声が起こった。エリックはさらにおののいてしまう。今度はマルティナだ。「①は、真のフーコーなんかじゃなくて、ただの無駄口ね。フーコーの方法ってのは、特定の文化的実践を説明するために使うべきなのよ。そうね、例えば学校よ。原因と結果っていう単純な物語を避けて、こういう実践に包括的な意味を与えることのないような説明をするためにね」。

よろめくエリックを支えようとカートリィが参戦する。しかし、自信など彼にはまったくありはしない（彼がどういう人間なのかは第二章でみたが、遺憾ながらほとんど変わっていなかった）。「あーでもさぁ、より深い意味を考えようとしてたんじゃないの？」

弱々しい彼の支えは、ほとんど役に立たなかった。むしろ、メリルを元気づけただけだった。彼女は声を取り戻し、デーモットとマルティナが降ろしてくれた救命ロープをつかみとった。「権力、ブルジョワ階級、資本家階級なんかじゃないのよ。フーコーの方法は、ある種の個人を生み出すことを目標とする統治的実践として、文化がどのように作動するのかを考えるために使うべきなのよ」。

カートリィは意気消沈してしまった。教室で足元をすくわれたあの悪夢が、ふと彼の頭をよぎった。

対してエリックには、すぐにギブ・アップする気などなかった。しかし、部屋にいる人たちが、メリルと三人の新顔たちの味方になっていると思ったのだろうか。「パーティに来た人たちが、どんな議論も自分が参加しているかのように楽しむ」雰囲気を、論敵を支持するものと誤解したのだろうか。いずれにせよ、彼は苦境が迫りつつあるのをひしひしと感じていた。苦境に立たされた時に彼がどのようになるのか、あなたたちはすでに見たはずだ。「近代的な生のことも、フーコーのことも、キミらは何もわかっちゃいないんだ。バカじゃねぇのか?」

さらなる苦境へと彼を誘ったのはイヴァだった。「フーコーの方法はね、あんたらアンポンタンが生の意味を探し求めるために使うものじゃなくて、生の管理について探究するために使うべきなのよ。彼の方法はフラットよ、あなたのオツムと同じね。私たちが馬鹿だとしても、あなたは正真正銘、動物レベルね」。

部屋中がどっと笑い、クイズは終わった。四人の勝利者たちの言葉の断片が、部屋中を飛び交っていた。おどけて繰り返すものもいた。例えば次のようなものだ。「知のよせ集めとしての文化的対象、実践、プログラムが、徐々にまとまりをなしていく」、「自己の諸形式、倫理的な振る舞いの様式、知のあり方、特定の文化的装置の生産物としての規律のあり方」、「フーコーのアプローチは、『真の』自己の価値の低下したものでも、歪曲されたものではない。ありえたものの裏切り、そしてあるべきものに対する障害でもない」「『自由であることの強制』、そして『選択』の強制は、自由主義の統治技術として真剣に捉えなくてはいけない。より深い意図を隠蔽するためのトリックとしてみなされてはならない」。

われら四人の英雄たちは、一緒に帰ることにした。皆、いい気分になっていた。デーモットにとって、愉快な気分というのは滅多に味わうことのないごちそうだった。酔っ払いどもの中でインザマムと議論しているディヴンの姿をみても、彼の気分が冷めることはなかった。帰り際、デヴォンに謎めいたことを言って冷やかしたのがその証拠だ。「人を探してるんだ。ランプ(lamp)(＊)はあるかい?」。

ディヴンはデーモットがランプを失くしたのかと思ったが、もちろんそうではなかった。

（＊）lamp には「知識の源」という意味がある。

あとがき

本書は、*Gavin Kendall and Gary Wickham Using Foucault's Method : Introduction Qualitative Methods*, Sage, 1999. の邦訳である。ギャヴィン・ケンダルは政治社会学や科学技術の社会学、リスク社会論などを研究対象としている。またギャリ・ウィッカムは法社会学や社会理論、社会学史を研究対象としている。ウィッカムはアラン・ハントとの一九九四年に出版された共著が『フーコーと法』（永井順子訳・久塚純一監修訳、早稲田大学出版局、二〇〇七年）という邦題ですでに翻訳されている。

フーコーの解説書やフーコー論はすでに山ほどあるのに、あらたに本書を訳した理由は本書の独自性にある。冒頭でも言われているように、本書の独自性は、「フーコーの使い方」を懇切丁寧に解説している点に尽きる。その思想内容の解説書は、あまたとあるものの、本書のようにフーコーを「使う」という立場に徹して書かれた書物はほとんど皆無と言ってよい。これは、性や処罰、狂気といった問題をめぐって歴史的アプローチを行ったフーコーの研究の性格を考えてみればとても奇妙なことだが、夥しい数に上るフーコーの解説書は、「使う」ということをほとんど念頭においていない。

しかも、本書の中でも繰り返し言われているように、そしておそらくは本書を手にした人の多くがそうであるように、フーコーの議論の内容を理解することと、それをふまえて使ってみることの間には、容易には越えられない、大きな隔たりが存在している。それはフーコーを真摯に学ぼうとする学生ばかりではなく、専門家の場合も同じである。本書の中では、スチュアート・ホールやラクラウとムフといった錚々たるビッグ・ネームたちが血祭りにあげられているが、フーコーに言及してはいるものの「フーコー風味」を化学調味料のごとくふりかけたばかりの「フーコー論」が少なくはないのは確かだ。ここではいちいち言及しないが、悪くすると明らかな誤読や曲解、こじつけ、無理解としか見えないものも少なからずある。

というわけで、フーコーの議論をきちんとふまえたうえで、「使う」ことを可能な限りやさしく解説する本書の意義は小さくない。そもそもフーコー自身が自らの「方法」を実際に歴史研究の中で使用するなかでたえず鍛え直して行ったのであって、真にフーコー的なやり方でフーコーを学ぶこととはあれこれ実際に使いながら学ぶことであると言ってもよいだろう。とはいえ、フーコーの使い方を学ぶことは容易ではない。そして本書ではその容易ならざる試練を可能な限り、スムーズに乗り切れるよう多くの工夫が凝らしてある。この点で本書は歴史的研究に関心がある者ばかりではなく、フーコーの方法に関心のあるすべての人びとに大きく役立つはずだ。

加えて、本書の特徴は、フーコーによる「現在性の歴史」の研究を、ブルーノ・ラトゥールたちのアクター・ネットワーク理論（ANT）を介して、非歴史的研究へと応用するやり方を丁寧に解説している点にある。もちろんANTを媒介とすることが唯一の方向ではないが、フーコー流の歴史的研究をどうやって非歴史的研究法へと結びつけるのかを丁寧に論じている書物も皆無であるので、この点でも本書の意義は小さくない。

また『科学が作られているとき』や *We Have never been modern*（邦題は『虚構の〈近代〉』だが本書では『私たちは決してモダンではなかった』と訳している）をはじめとして翻訳もなされており、「対称性人類学」、「翻訳」、「ネットワーク」といった言葉はある程度流通するようになっているものの、ラトゥールの議論の大きな枠組みを解説してくれる書物もほとんど皆無である。この点で本書はANTに関心のある者にとっても格好の入門書となるだろう。

ラトゥールが槍玉に挙げられた「サイエンス・ウォーズ」についてはここでは立ち入らないが（金森修『サイエンス・ウォーズ』東京大学出版局、などを参照して欲しい）、環境問題、薬害問題、最先端の金融工学と手を携えた「マッド・マネー」の暴走、クローン技術、等々をあげるまでもなく科学というものへの問いかけを度外視して現代社会を捉えることができないのは明らかである。社会と科学を綺麗に切り分けた上で、両者の関わりについて議論を行うのではなく、両者の入り組んだ絡み合いの中でこそ問題を捉えようとするラトゥールたちのスタンスから学べることは少なくないだろう。

なお本来であれば邦訳の『虚構の〈近代〉』の文章と第四章のその解説の文章をすり合わせるべきだったが、不覚にも二〇〇八年に川村久美子氏によって新評論社から翻訳が出されたことをゲラの校訂が終わった後まで知らず、時間的余裕がなく出来なかった。難解ではあるが、ラトゥールのエッセンスが凝縮された形で詰め込まれている書物なので関心のある人は是非読んで欲しい。

訳出の作業は、長坂和彦が一、二、五、六章、山家歩が三、四章をまず訳し、全体の調整および手直しを山家が行った。入門書という性格上、訳の方針は読みやすさを最優先した。最後に、諸般の理由で論創社の編集者高橋宏幸さんには大きな苦労をかけてしまった。こころからお詫びと感謝をしたい。また、専修大学の学生の波多江文哉君には文献チェックなど手伝ってもらった。感謝したい。

訳者を代表して　山家 歩

参考文献

Althusser, L. (1971) Ideology and Ideological State Apparatuses (Notes towards an Investigation) .In *Lenin and philosophy and Other Essays.* New York : Monthly Review Press. (『再生産について』西川長夫他訳、平凡社 2005)

Annas, J. and Barnes, J. (1994) Introduction. In Sextus Empiricus *Outlines of Scepticism.* Cambridge: Cambridge University Press.

Bachelard, G (1968) *The Philosophy of No: A philosophy of New Scientific Mind.* New York: Viking. (『否定の哲学』中村雄二郎、遠山博雄訳、白水社、1998)

Bachelard, G, (1986) *The New Scientific Spirit.* New York: Farrar, Straus & Giroux.

Benchley, R. (1937) Shakespeare Explained: Carrying on System of Footnotes to a Silly Extreme. In Laycock ,S. (ed.) *The Greatest Pages of American Humorous: A Study of Rise and Development of Humorous Writings in America with Selections from the Most Notable of the Humorists* .London: Methuen.

Bennington, G. (1988) *Lyotard: Writing the Event* . Manchester University Press.

Bevis, p. ,Cohen, M. and Kendall ,G. (1993) Archaeologizing Genealogy: Michel Foucault and the Economy of Austerity, In Gane, M. and Johnson, T. (eds) *Foucault's New Domains.* London: Routledge.

Boltanski,L.and Thévenot,L (1987) *Les Economies de la grandeur,chahiers du Centred' Etudes de l'* Emploi 31. Paris :

Presses Universitarires de France.

Bowles,S.and Gintis,H（1976）*Schooling in Capitalist America:Educational Reform and the Contaradictions of Economic Life.*New York:Basic Books（『アメリカ資本主義と学校教育』宇沢弘文訳　岩波書店　2008）

Brannigan, A.（1981）*Social Bases of Scientific Discovery.* Cambridge: Cambridge University, Press.（『科学的発見の現象学』村上陽一郎他訳　紀伊国屋書店　1984）

Brunt, R.（1989）The politics of Identity. In Hall, S. and Jacques, M.（eds）*New Times: The Changing France of Politics in the* 1990s.

Butterfield,J.（1996）Studies in Pyrrhonism. Unpublished MS, Murdoch University, Perth

Callon, M.（1986a）The Sociology of an Actor-Network: The Case of the Electric Vehicle. In Callon. M. ,Law, J. and Rip, A.（eds）*Mapping the Dynamics of Science and Technology.* London: Macmillan.

Callon, M.（1986b）Some Elements of a Sociology of Translation: Domestication of the Scallops and the Fishermen of St Brieuc Bay. In Law, J.（ed.）*Power, Action, and Belief.* London: Routledge and Kegan Paul.

Callon, M. and Latour, B.（1981）Unscrewing the big Leviathan: How Actors Macro-Structure Reality and How Sociologists Help Them to Do So. In Knorrcetina, K.and Cicourel, A.（eds）*Advances in Social Theory and Methodology.* London: Routledge and Kegan Paul.

Callon, M. and Latour ,B.（1992）Don't Throw the Baby out with the Bath School! A Reply to Collins and Yearley. In Pickering, A.（ed.）*Science as Practice and culture.* Chicago: University of Chicago press.

Canguilhem,G.（1989）The Normal and the Pathological New York: Zone Books.（『正常と病理』滝沢武久訳　法政大学出版局　1987）

Canguilhem, G.（1990）*Ideology and Rationality in the History of the Life Sciences.* Cambridge, Mass.: MIT Press.（『生命科学の歴史』杉山吉弘訳　法政大学出版局　2006）

Canguihem, G.（1994）*A Vital Rationalist; Selected Writings form Georges Canguilhem.* New York: Zone Books.（『生命の認識』杉山吉弘訳　法政大学出版局　2002）

Central Advisory Council for Education（1967）*Children and their Primary Schools*（*The plowden Report*）*London: HMSO.*

Chandler, A.（1977）*The Visible Hand : The Managerial Revolution in American Business.* Cambridge, Mass: Harvard University Press.（『経営者の時代（上）（下）』鳥羽欽一郎、小林袈裟治訳　東洋経済新報社　1979）

Chomsky, N.（1965）*Aspect of the theory of Syntax.* Cambridge, Mass.: MIT Press.（『文法理論の諸相』　安井稔訳　研究社　1970）

Clarke, A. M. and Clarke, A .D. B.（1976）*Early Experience: Myth and Evidence.* Oxford: Open Books.

Collins ,H.M.（1985）*Changing Order. London: Sage.*

Collins, H.M.（1987）Certainty and Public Understanding of Science :Science on Television. *Social Studies of Science*17, 689-713.

Collins, H. M.（1988）Public Experiments and Displays of Virtuosity: The Core-Set Revisited *Social Studies of*

*Science*18,725-48.

Collins, H. M. and Pinch, T. J.（1979）The Construction of the Paranormal. In Wallis, R.（ed.）*On the Margins of Science* 18,725-48.

Collins, H. M. and Yearley, S.（1992）Epistemological Chicken. In Pickering, A.（ed.）*Science as Practice and Culture.* Chicago: University of Chicago Press.

Corrigan, P. and Sayer, D.（1985）*The Great Arch: State Formation as Cultural Revolution.* Oxford: Blackwell.

Cowan, R.（1985）How the Refrigerator Got its Hum. In Mackenzie, D. and Wajcman, J.（eds）*The Social Shaping of Technology.* Milton Keynes: Open University Press.

Dean, M.（1994）*Critical and Effective Histories: Foucault's Methods and Historical Sociology.* London: Routledge.

Deleuze ,G.（1986）*Foucault.* London: Athlone.（『フーコー』宇野邦一訳　河出新書房新社 1999）

Deleuze, G. and Guattari , F.（1988）Rhizome. In A *Thousand Plateaus: Capitalism and Schizophrenia.* London: Athlone.（『リゾーム』豊島光一訳　朝日出版社　1987）

Dewey, J.（1915）*Democracy and Education.* New York: Horace Liveright.（『民主主義と教育』松野安男訳　岩波文庫　1975）

Dewey, J.（1929）*The Sources of a Science of Education.* New York: Free Press.（『教育科学の本源』杉浦宏訳　清水弘文堂書房　1971）

Donald, J.（1992）*Sentimental Education : Schooling, Popular Culture and the Regulation of Liberty.* London: Verso.

During, S.（1992）*Foucault and Literature: Towards a Genealogy of Writing*. London: Routledge.

Durkheim, E.（1915）*The Elementary Forms of the Religious Life*. London: Allen and Unwin.（『宗教生活の原初形態（上）（下）』吉野清人訳　岩波文庫　1975）

Fayard, P.（1993）Daily Science in the European Quality Press. In Durant, J.A. and Gregory, J.（eds）*Science and Culture in Europe*. London: Science Museum.

Feyerabend, P.（1975）*Against Method*. London: New Left Books.（『方法への挑戦』村上陽一郎、渡辺博共訳 新曜社　1981）

Foucault, M.（1970）*The Order of Things: An Archaeology of the Human Science*. London: Tavistock.（『言葉と物』渡辺一民、佐々木明訳　新潮社　1974）

Foucault, M.（1972）*The Archaeology of Knowledge*. London: Tavistock.（『知の考古学』中村雄二郎訳　河出書房新社　1995）

Foucault, M.（1973）*The Birth of the Clinic: An Archaeology of Medical Perception*. New York: Pantheon.（『狂気の歴史』田村俶訳　新潮社　1975）

Foucault, M.（1977）*Discipline and Punish: The Birth of the Prison*. London: Allenlane.（『監獄の誕生』　田村俶訳、新潮社 1977）

Foucault, M.（1978a）Cinférence inédite à la Societé Frnçaise de Philosophie May. Typescripy at Bibliothèque le Saulchoir, Paris.

Foucault, M.（1978b）*The History of Sexuality Volume I: An Introduction.* New York: Pantheon.（『性の歴史Ⅰ』渡辺守章訳，新潮社　1986）

Foucault, M.（1980a）Prison Talk. Radical Philosophy16, 10-15. In Gordon, C.（ed.）*Michel Foucault. Power/Knowledge: Selected Interviews and Other Writings* 1972-1977. Brighton: Harverster.（『ミシェル・フーコー思考集成Ⅳ』小林康夫，石田英敬他編集，西谷修他訳，筑摩書房，2000）

Foucault, M.（1980b）Two Lectures. In Gordon, C.（ed.）*Michel Foucault. Power/Knowledge: Selected Interviews and Other Writings* 1972-1977. Brighton: Harverster.（『ミシェル・フーコー思考集成Ⅳ』小林康夫，石田英敬他編集，西谷修他訳，筑摩書房，2000）

Foucault, M.（1980c）Truth and Power. In Gordon, C.（ed.）*Michel Foucault. Power/Knowledge: Selected Interviews and Other Writings* 1972-1977. Brighton: Harverster.（『ミシェル・フーコー思考集成Ⅳ』小林康夫，石田英敬他編集，西谷修他訳，筑摩書房，2000）

Foucault, M.（1981a）Questions of Method. I C 8,3-14

Foucault, M.（1981b）The Order of Discourse. In Young, R.（ed.）*Untying the Text: A Post-Structuralist Reader.* London: Routhledge and Kegan Paul.（『言語表現の秩序』中村雄二郎訳，河出新書房新社，1995）

Foucault, M.（1981c）Omnes et Sigulatim: Towards a Criticism of Political Reason. In McMurrin, S. M.（ed.）*The Tanner Lectures on Human Values.* Cambridge: Cambridge University Press.（『フーコーの「全体的なものと個別的なもの」』山本哲士，北山晴一訳，三交社，1993）

Foucault, M.（1982）The Subject and Power. An Afterword to Dreyfus, H. and Rabinow, P. *Michel Foucault: Beyond Structuralism and Hermeneutics.* Chicago: University of Chicago Press.

Foucault, M.（1984）What is Enlightenment? In Rabinow, P.（ed.）*The Foucault Reader.* New York: Pantheon.

Foucault, M.（1986）The Care of the Self: The History of Sexuality Volume III. New York: Pantheon.（『性の歴史Ⅲ』田村俶訳，新潮社，1987.）

Foucault, M.（1988a）The Art of Telling the Truth. In Kritzman, L. D.（ed.）*Michel Foucault. Politics, Philosophy, Culture : Interviews and Other Writings of Michel Foucault,*1977-1984. New York: Routledge.（『フーコー思考集成X』小林康夫，石田英敬他編集　慎改康之他訳，筑摩書房，2002）

Foucault, M.（1988b）The Masked Philosopher. In Kritzman, L. D.（ed.）*Michel Foucault. Politics, Philosophy, Culture : Interviews and Other Writings of Michel Foucault,*1977-1984. New York: Routledge.（『フーコー思考集成X』小林康夫，石田英敬他編集　慎改康之他訳，筑摩書房，2002）

Foucault, M.（1988c）Practising Criticism. In Kritzman, L. D.（ed.）*Michel Foucault. Politics, Philosophy, Culture : Interviews and Other Writings of Michel Foucault,*1977-1984. New York: Routledge.（『フーコー思考集成X』小林康夫，石田英敬他編集　慎改康之他訳，筑摩書房，2002）

Foucault, M.（1991）*Remarks on Marx: Conversations with Duccio Trombadori.* New York: Semiotext（e）.

Gooding, D.（1985）In Nature's School: Faraday as an Experimentalist. In Gooding, D. and James, F.（eds）*Faraday Rediscovered: Essays on the Life and Work of Michel Faraday,*1791-1876. London: Macmillan.

Gutmann, A.（1987）Democratic Education. Princeton University Press.（『民主主義教育論』神山正弘訳、同時代社、2004）

Hacking, I.（1975）The Emergence of Probability. Cambridge: Cambridge University Press.

Hacking, I.（1990）*The Taming of Chance.* Cambridge: Cambridge University Press.（『偶然を飼いならす』石原英樹、重田園江訳、木鐸社 1999）

Hacking, I.（1992a）Multiple Personality Disorder and its Hosts. *History of the Human Sciences* 5（2）, 3-31.（『記憶を書きかえる』北沢格訳、早川書房、1998）

Hacking, I.（1992b）The Self-Vindication of the Laboratory Science. In Pickering, A.（ed.）*Science as Practice and Culture.* Chicago: University of Chicago Press.

Hall, S.（1980）Cultural Studies: Two Paradigms. *Media, Culture and Society* 2,57-72.

Hall, S.（1988a）*The Hard Road to Renewal: Thatcherism and the Crisis of the Left.* London: Verso.

Hall, S.（1988b）The Toad in the Garden: Thatcherism among the Theorists. In Nelson, C. and Grossberg,L（eds）*Marxism and the Interpretation of Culture.* Champagne-Urbana: University of Illinois Press.

Hall, S.（1988c）Brave New World. Marxism Today, Octobar,24-9.

Hankinson, R .J.（1995）*The Sceptics.* London : Routhledge

Henriques, J. ,Holloway, W., Urwin, C. and Walkerdine, V.（1984）*Changing the subject: Psychology, Social Regulation and Subjectivity.* London: Methuen.

Home Office（1986）Circular 72/1986. London: HMSO.

Hoskin, K.（1993）Education and the Genesis of Disciplinarity: The Unexpected Reversal　in Messer.

Hoskin, K. and Macve, R. H.（1993）Accounting as Discipline: The Overlooked Supplement. In Messer-Dvidow, E., Shumway, D. R. and Sylvan, D.J.（eds）Knowledges: *Historical and Critical Studies in Disciplinarity. Charlottesville:* University of Virginia Press.

Hunt, A. and Wickham, G.（1994）*Foucault and Law: Towards a Sociology of Law as Governance.* London: Pluto.（『フーコーと法』久塚純一監訳、永井順子訳、早稲田大学出版部、2007）

Hunter, I.（n.d.）Michel Foucault: Discourse versus Language. Unpublished MS, Griffith University, Brisbane.

Hunter, I.（1989）*Culture and Government: The Emergence of Literary Education.* Basingstoke: Macmillan.

Hunter, I.（1994）*Rethinking the School: Subjectivity, Bureaucracy, Criticism.* Sydney: Allen and Unwin.

Jenkins, R.（1975）Technology and the Market: George Eastman and the Origins of Mass Amateur Photography. *Technology and Culture* 15,1-19.

Jones, K. and Williamson, K.（1979）The Birth of Schoolroom. 6,59-110.

Kendall, G.（1991）Reading the Child Reading: Literacy and the Formation of Citizens in England 1750-1850. *History of Education Review* 20（2）, 79-87.

Knorr-Cetina, K. D.（1981）*The Manufacture of Knowledge.* Oxford: Pergamon.

Kremer-Marietti, A.（1985）Michel Foucault: Arcéologie et généalogie. Paris : Libraire Générale Française.（『ミシェ

ル・フーコー考古学と系譜学』赤羽研三訳、新評論、1992）

Kuhn, T. S.（1970）The Structure of Scientific Revolutions.2nd edn. Chicago: University of Chicago Press.（『科学革命の構造』中山茂訳、みすず書房、1971）

Laclau, E. and Mouffe, C.（1985）*Hegemony and Socialist Strategy: Towards a Radical Democratic Politic*s. London: Verso.（『ポスト・マルクス主義と政治』山崎カヲル、石澤武訳、大村書店、2000）

Lakatos, I. and Musgrave, A.（1970）*Criticism and the Growth of Knowledge*. Cambridge: Cambridge University Press.（『批判と知識の成長』森博監訳、木鐸社、1985）

Language Policy and Guidelines（n.d.）Manchester: Privately printed.

Latour, B.（1987）*Science in Action: How to Follow Engineers in Society*. Milton Keynes: Open University Press.（『科学が作られるとき』川崎勝、高木大志訳、産業図書、1999）

Latour, B.（1988）*The Pasteurization of France*. Cambridge, Mass. : Harvard University Press.

Latour, B.（1992）Where are the Missing Masses? In Bijker, W. and Law, J.（eds）*Shaping Technology/Building Society*. Cambridge, Mass. : MIT Press.

Latour, B.（1993）*We Have Never Been Modern*. Hemel Hempstead: Harvester Wheatsheaf.（『虚構の「近代」』川村久美子訳、新評論 2008）

Latour, B. and Woolgar, S.（1986）*Laboratory Life: The Construction of Scientific Facts*. 2nd edn. Princeton: Princeton University Press.

Law, J.（1994）.*Organizing Modernity.* Oxford: Blackwell.
Leonard, J.（1980）L' historien et le philosophe: à propos de *Surveiller et punir :naissance de la prison.* In Perrot, M.（ed.）*L' Impossible prison: rechebes sur le systeme penitentiaire au XIXe siècle.*Paris : Seuil.
Lewenstein, B. V.（1995）Science and the Media. In Jasanoff, S., Markle, G.E., Peterson, J.C. and Pinch, T.（eds）*Handbook of Science and Technology Studies.* London: Sage.
Lynch, M.（1993）*Scientific Practice and Ordinary Action: Ethnomethodology and Social Studies of Science.* Cambridge: Cambridge University Press.
Mackenzie, D. and Wajcman, J.（eds）*The Social Shaping of Technology.* Milton Keynes: Open University Press.
Malpas, J. and Wickham, G.（1995）Governance and Failure: On the Limits of Sociology, Austrarian and New Zealand Tourd of sociology 31(3), 37-50.
Malpas, J. and Wickham, G.（1997）Governance and the World: From Joe DiMaggio to Michel Foucault. The UTS Review3(2),91-108.
Mannheim, K.（1936）*Ideology and Utopia.* New York: Harcourt, Brace and World.（『イデオロギーとユートピア』鈴木二郎訳、未来社、1993）
Mannheim, K.（1952）*Essays on the Sociology of Knowledge.* London: Routledge and Kegan Paul.（『知識社会学』日高六郎他訳、青木書店 1973）
Marx, K.（1973）*Grundrisse.* Harmondsworth: Penguin.（『経済学批判要綱Ⅰ―Ⅴ』高木二郎監訳、大月書店、

1958）

Marx, K. and Engels, F.（1965）Manifesto of the Communist Party. Moscow: Progress Press.（『共産党宣言』大内兵衛、向坂逸郎訳、岩波文庫 1951）

Megill, A.（1985）*Prophets of Extremity: Nietzsche, Heidegger, Foucault, Derrida.* Berkely: University of California Press.

Merton, P.K.（1970）*Science, Technology and Society in Seventeenth-Century England.* New York: Harper and Row.

Merton, P.K.（1973）*The Sociology of Science.* Chicago: University of Chicago Press.（『科学社会学の歩み』成定薫訳、サイエンス社、1983）

Miller, P.and O' Leary, T.（1994）*The Factory as Laboratory. Science in Context*7(3), 469-96.

Miller, P. and Rose, N.（1990）Governing Economic Life. *Economy and Society*19(1), 1-31.

Miller, T.（1993）*The Well-Tempered Self: Citizenship, Culture, and the Postmodern Subject.* Baltimore: Johns Hopkins University Press.

Mulkay, M.J.（1979）*Science and the Sociology of Knowledge.* London: Allen and Unwin.（『科学と知識社会学』堀善望他訳、紀伊国屋書店、1985）

Nelkin, D.（1987）*Selling Science.* New York: Freeman.

Pearson, H.（1985）*Children Becoming Readers.* London: Macmillan.

Peters, E.（1985）*Torture.* Oxford: Blackwell.

Piaget, J.（1959）*The Language and Thought of the Child.* London: Routledge and Kegan Popper, K.（1959）*The Logic of*

Scientific Discovery. New York: Harper and Row.（『科学的発見の論理（上）（下）』大内義一、森博訳、恒星社厚生閣 1971）

Popper, K.（1963）*Conjectures and Refutations: The Growth of Scientific Knowledge*. London: Routledge and Kegan Paul.（『推測と反駁』藤本隆士他訳、法政大学出版局　1980）

Raban, B. and Moon,C.（1978）*Books and Learning to Read*. Oxford: School Library Association,

Rabinow, P.（1989）*French Modern: Norms and Forms of the Social Environment*. Cambridge, Mss, :MIT Press.

Ritzer, G.（1992）Sociological Theory. 3rd edn.New York: McGraw-hill.

Rose, N.（1984）The Formation of the Psychology of the Individual in England 1870-1939. Unpublished Ph D thesis, University of London.

Rose, N.（1985）*The Psychological Complex: Psychology, Politics and Society in England* 1869-1939.London: Routledge and Kegan Paul.

Rose, N.（1990）Of Madness Itself: Histoire de la Folie and the Object of Psychiatric History. *History of the Human Sciences* 3(3), 373-80.

Rose, N.（1991）Governing by Numbers: Figuring Out Democracy. *Accounting, Organization and Society*16(7), 673-92.

Rose, N.（1992a）Towards a Critical Sociology of Freedom. Inaugural lecture, Goldsmiths College, University of London.

Rose, N.（1992b）*Governing the Soul*. London: Routledge.

Sawicki, J.（1991）*Disciplining Foucault: Feminism, Power, and the Body*. London: Routledge.

Schaffer, S.（1992）Self-Evidence. *Critical Inqury*18,327-62.

Schwarz, M. and Thompson, M.（1990）*Divided We Stand: Redefining Politics, Technology and Social Choice*. Hemel Hempstead: Harvester Wheatsheaf.

Sextus Empiricus（1994）*Outlines of Scepticism*. Cambridge: Cambridge University Press.

Shapin, S.（1988）The House of Experiment in Seventeenth-Century England. *Isis* 79,373-404.

Shapin, S. and Schaffer, S.（1985）*Leviathan and the Air-Pump: Hobbes, Boyle, and the Experimental Life*. Princeton: Princeton University Press.

Silverman, D.（ed.）（1997）*Qualitative Research: Theory, Method and Practice*. London: Sage.

Star, S.L. and Griesemer, J.（1989）Institutional Ecology, "Translations" and Boundary Objects: Amatateurs and Professionals in Berkeley's Museum of Vertebrate Zoology, 1907-39. *Social Studies of Socience*19, 387-420.

Stark, W.（1958）*The Sociology of Knowledge*. London; Routledge and Kegan Paul.（『知識社会学』杉山忠平訳、未来社、1971）

Stow, D.（1836）*The Training System Adopted in the Model Schools of the Glasgow Educational Society; a Manual for Infant and Juvenile Schools, which Includes a System of Moral Training Suited to the Condition of Large Towns* . Glasgow: W.R. McPhun.

Stow, D.（1939）*National Education, Supplement to Moral Education and the Training System, with Plans for Erecting and*

Fitting Up Training Schools. Glasgow: W. R. McPhun.

Stow, D.（1850）*The Training System, the Moral Training School, and the Normal Seminary*. London: Longman, Brown, Green.

Szilard, L.（1978）*Leo Szilard: His Version of the Facts*. Cambridge, Mass.: MIT Press（『シラードの証言』伏見康治、伏見諭訳、みすず書房、1982）

Taylor, C.（1985）Foucault on Freedom and Truth. In *Philosophy and the Human Science: Philosophical Papers II*. Cambridge: Cambridge University Press.

Tyler, D.（1993）Making Better Children. In Meredyth, D. and Tyler, D.（eds）*Child and Citizen: Genealogies of Schooling and Subjectivity*. Brisbane: Institute for Cultural Policy Studies, Griffith University.

Venn, C（1984）The Subject of Psychology. In Henriques, j., Hollway, W., Urwin, C., Venn, C. and Walkerdine, V. *Changing the Subject: Psychology, Social Regulation and Subjectivity*. London: Methuen.

Walkerdine, V.（1984）Developmental Psychology and the Child-Centred Pedagogy: The Insertion of Piaget into Early Education. In Henriques, J,. Hollway, W., Urwin, C., Venn, C. and Walkerdine, V. *Changing the Subject: Psychology, Social regulation and Subjectivity*. London: Methuen.

Walkerdine, V.（1988）*The Mastery of reason*. London: Routledge.

Weber, M.（1989）*The Protestant Ethic and Spirit of Capitalism*. London: Unwin Hyman.（『プロテスタンティズムの倫理と資本主義の精神』大塚久雄訳、岩波文庫、1989）

White, L.（1962）*Medieval Technology and Social Change.* London: Open University Press.（『中世の技術と社会変動』内田星美訳、思索社、1985）

Williams, B.（1993）*Shame and Necessity.* Berkeley: University of California Press.　Willis, P.E.（1977）*Learning to Labour: How Working Class Kind Get Working Class Jobs.* Aldershot:　Ashgate.（『ハマータウンの野郎ども』　熊沢誠、山田潤訳、ちくま学芸文庫、1996）

Woolgar, S.（1988）*Science:* The Very Idea. London: Tavistock.

Yamamoto, T.（1997）Director's Note. *iichiko intercultural: An Annual Journal for Transdisciplinary Studies of Pratiques*9,3-5.

索引（アルファベッド順）

M

N

O

P

R

S

T

U

V

W

ギャビン・ケンダール

オーストラリア　クインズランド工科大学教授。

専門分野は政治社会学、科学技術の社会学、リスク社会論等。

ゲイリー・ウィッカム

オーストラリア　マードック大学准教授。

専門分野は法社会学、理論社会学。

訳者プロフィール

山家歩（やまか・あゆむ）

1969年、埼玉県出身。

現在、大学非常勤講師

長坂和彦（ながさか・かずひこ）

1979年、愛知県出身。

現在、雑誌や書籍の編集にたずさわる。

フーコーを使う

2009年　11月10日　初版第1刷印刷
2009年　11月20日　初版第1刷発行

著　者　ギャビン・ケンダール
　　　　ゲイリー・ウィッカム
訳　者　山家　歩／長坂和彦
装　丁　大久保篤
発行者　森下紀夫
発行所　論 創 社
東京都千代田区神田神保町2-23　北井ビル
電話03（3264）5254　振替口座00160-1-155266
組版　エニカイタスタヂオ　印刷・製本　中央精版印刷
ISBN978-4-8460-0326-5　